Edgar Allan Poe

rowohlts monographien
begründet von Kurt Kusenberg
herausgegeben von Wolfgang Müller
und Uwe Naumann

Edgar Allan Poe

Dargestellt von Wolfgang Martynkewicz

Rowohlt Taschenbuch Verlag

Umschlagvorderseite: Edgar Allan Poe.
Zeichnung von Ismael Gentz von 1907 nach einer
Daguerreotypie von 1849, spätere Kolorierung
Umschlagrückseite: Illustration zu «Der Rabe»
von Edgar Allan Poe. Holzstich nach einer Zeichnung
von Gustave Dorée, 1872
Edgar Allan Poe. Daguerreotypie, vermutlich
aus dem Sommer 1849

Seite 3: Edgar Allan Poe. Daguerreotypie von
Edwin H. Manchester, 9. November 1848. Das Bild entstand
vier Tage nachdem Poe versucht hatte, sich mit Laudanum
das Leben zu nehmen.

*Originalausgabe
Veröffentlicht im Rowohlt Taschenbuch Verlag
GmbH, Reinbek bei Hamburg, Juli 2003
Copyright © 2003 by Rowohlt Taschenbuch Verlag
GmbH, Reinbek bei Hamburg
Dieser Band ersetzt die 1959 erschienene
Edgar-Allan-Poe-Monographie von Walter Lennig
Umschlaggestaltung any.way, Hamburg
Redaktionsassistenz Katrin Finkemeier
Reihentypographie Daniel Sauthoff
Layout Gabriele Boekholt
Satz* PE Proforma *und* Foundry Sans PostScript,
*QuarkXPress 4.11
Gesamtherstellung Clausen & Bosse, Leck
Printed in Germany
ISBN 3 499 50599 1*

*Die Schreibweise entspricht den Regeln
der neuen Rechtschreibung.*

INHALT

«Ich muss erobern oder sterben»	7
Anfänge und Aufbrüche	10
Familienroman	10
Der amerikanische Traum	16
Ein «richtiger» Sohn	20
Konversion	23
«… unrettbar ein Poet»	30
Das harte Brot	42
Auf eigenen Füßen	55
Schreiben und Leben	63
«Er ist zu Höherem bestimmt …»	63
«Und nun rauschten wir in die Umarmungen des Kataraktes …»	75
Zwischen Leben und Tod	80
Höhenflüge und Abstürze	96
Entkommen	96
Böse Zeiten	108
Aufstieg und tiefer Fall	117
Visionen	129
Anmerkungen	144
Zeittafel	147
Zeugnisse	150
Bibliographie	152
Namenregister	156
Über den Autor	159
Quellennachweis der Abbildungen	159

We are permitted to copy (in advance of publication) from the 2d No. of the American Review, the following remarkable poem by EDGAR POE. In our opinion, it is the most effective single example of "fugitive poetry" ever published in this country; and unsurpassed in English poetry for subtle conception, masterly ingenuity of versification, and consistent, sustaining of imaginative lift and "pokerishness." It is one of these "dainties bred in a book" which we *feed* on. It will stick to the memory of everybody who reads it.

The Raven.

Once upon a midnight dreary, while I pondered, weak and weary,
Over many a quaint and curious volume of forgotten lore,
While I nodded, nearly napping, suddenly there came a tapping,
As of some one gently rapping, rapping at my chamber door.
"'Tis some visiter," I muttered, "tapping at my chamber door—
    Only this, and nothing more."

Ah, distinctly I remember it was in the bleak December,
And each separate dying ember wrought its ghost upon the floor.
Eagerly I wished the morrow ;—vainly I had tried to borrow
From my books surcease of sorrow—sorrow for the lost Lenore—
For the rare and radiant maiden whom the angels name Lenore—
    Nameless here for evermore.

And the silken sad uncertain rustling of each purple curtain
Thrilled me—filled me with fantastic terrors never felt before ;
So that now, to still the beating of my heart, I stood repeating
"'Tis some visiter entreating entrance at my chamber door—
Some late visiter entreating entrance at my chamber door ;—
    This it is, and nothing more."

Presently my soul grew stronger ; hesitating then no longer,
"Sir," said I, "or Madam, truly your forgiveness I implore ;
But the fact is I was napping, and so gently you came rapping,
And so faintly you came tapping, tapping at my chamber door,
That I scarce was sure I heard you"—here I opened wide the door ;—
    Darkness there, and nothing more.

Deep into that darkness peering, long I stood there wondering, fearing,
Doubting, dreaming dreams no mortal ever dared to dream before ;
But the silence was unbroken, and the darkness gave no token,
And the only word there spoken was the whispered word, "Lenore !"
This I whispered, and an echo murmured back the word, "Lenore !"
    Merely this, and nothing more.

Then into the chamber turning, all my soul within me burning,
Soon I heard again a tapping somewhat louder than before.
"Surely," said I, "surely that is something at my window lattice ;
Let me see, then, what thereat is, and this mystery explore—
Let my heart be still a moment and this mystery explore ;—
    'Tis the wind, and nothing more."

Open here I flung the shutter, when, with many a flirt and flutter,
In there stepped a stately raven of the saintly days of yore ;
Not the least obeisance made he ; not an instant stopped or stayed he ;
But, with mien of lord or lady, perched above my chamber door—
Perched upon a bust of Pallas just above my chamber door—
    Perched, and sat, and nothing more.

Then this ebony bird beguiling my sad fancy into smiling,
By the grave and stern decorum of the countenance it wore,
"Though thy crest be shorn and shaven, thou," I said, "art sure no craven,
Ghastly grim and ancient raven wandering from the Nightly shore—
Tell me what thy lordly name is on the Night's Plutonian shore !"
    Quoth the raven, "Nevermore !"

Much I marvelled this ungainly fowl to hear discourse so plainly,
Though its answer little meaning—little relevancy bore ;
For we cannot help agreeing that no living human being
Ever yet was blessed with seeing bird above his chamber door—
Bird or beast upon the sculptured bust above his chamber door,
    With such name as "Nevermore."

But the raven, sitting lonely on the placid bust, spoke only
That one word, as if his soul in that one word he did outpour.
Nothing farther then he uttered—not a feather then he fluttered—
Till I scarcely more than muttered, "Other friends have flown before—
On the morrow *he* will leave me, as my hopes have flown before."
    Quoth the raven, "Nevermore."

Startled at the stillness broken by reply so aptly spoken,
"Doubtless," said I, "what it utters is its only stock and store,
Caught from some unhappy master whom unmerciful Disaster
Followed fast and followed faster—so, when Hope he would adjure,
Stern Despair returned, instead of the sweet Hope he dared adjure—
    That sad answer, "Nevermore !"

But the raven still beguiling all my sad soul into smiling,
Straight I wheeled a cushioned seat in front of bird, and bust, and door ;
Then upon the velvet sinking, I betook myself to linking
Fancy unto fancy, thinking what this ominous bird of yore—
What this grim, ungainly, ghastly, gaunt, and ominous bird of yore
    Meant in croaking "Nevermore."

This I sat engaged in guessing, but no syllable expressing
To the fowl whose fiery eyes now burned into my bosom's core ;
This and more I sat divining, with my head at ease reclining
On the cushion's velvet lining that the lamp-light gloated o'er,
But whose velvet violet lining with the lamp light gloating o'er
    She shall press, ah, nevermore !

Then, methought, the air grew denser, perfumed from an unseen censer
Swung by angels whose faint foot-falls tinkled on the tufted floor.
"Wretch," I cried, "thy God hath lent thee—by these angels he hath sent thee
Respite—respite and Nepenthe from thy memories of Lenore !
Quaff, oh quaff this kind Nepenthe and forget this lost Lenore !"
    Quoth the raven, "Nevermore."

"Prophet !" said I, "thing of evil !—prophet still, if bird or devil !—
Whether Tempter sent, or whether tempest tossed thee here ashore,
Desolate, yet all undaunted, on this desert land enchanted—
On this home by Horror haunted—tell me truly, I implore—
Is there—is there balm in Gilead ?—tell me—tell me, I implore !"
    Quoth the raven, "Nevermore."

"Prophet !" said I, "thing of evil !—prophet still, if bird or devil !
By that Heaven that bends above us—by that God we both adore—
Tell this soul with sorrow laden if, within the distant Aidenn,
It shall clasp a sainted maiden whom the angels name Lenore—
Clasp a rare and radiant maiden whom the angels name Lenore."
    Quoth the raven, "Nevermore."

"Be that word our sign of parting, bird or fiend !" I shrieked, upstarting—
"Get thee back into the tempest and the Night's Plutonian shore !
Leave no black plume as a token of that lie thy soul hath spoken !
Leave my loneliness unbroken !—quit the bust above my door !
Take thy beak from out my heart, and take thy form from off my door !"
    Quoth the raven, "Nevermore."

And the raven, never flitting, still is sitting, still is sitting
On the pallid bust of Pallas just above my chamber door ;
And his eyes have all the seeming of a demon that is dreaming,
And the lamp-light o'er him streaming throws his shadow on the floor ;
And my soul from out that shadow that lies floating on the floor
    Shall be lifted—nevermore !

Public Land Sales of the United States.

The last annual Report of the Commissioner of the General Land Office, which was laid before Congress January 2d, 1844, has just been printed. It contains some very interesting facts and suggestions, which we proceed to lay before our readers. From the letter of the Secretary of the Treasury it appears that the sales of public land during the calendar year, 1843, amounted to 1,639,674 acres ; producing more than $2,000,000—exceeding the sales of 1842 by more than $600,000. Of the large amount of land thus sold, not more than 2,000 acres were disposed of above the minimum price of one dollar and twenty-five cents per acre. This Mr. Spencer attributed to the operation of the pre-emption law, which enables the actual settler to secure the choicest land at the lower price. More than 100,000 patents for lands have been issued during the year and transmitted for delivery to the purchasers. Among the suggestions contained in the report of the Commissioner of the Land Office, the Secretary of the Treasury invites particular attention to the cases of suspended patents in the Mineral Point District, as requiring prompt action. The amendment to the pre-emption law, also suggested by the Commissioner, seems to deserve early attention as well as to prevent frauds on the government, to give the fair and honorable settlers an opportunity for the selection of good lands. In the year 1842, nearly eleven millions of acres of the public land were brought into market, and surveys then pending to bring a like quantity into market in the year 1843 ; and deeming it desirable to continue this policy, as demanded both by the interest and enterprise of the country, estimates for future surveys were submitted in the annual report of the Commissioner General of the Land Office, in his previous report. Whilst the amount of revenue to be raised was justly taken into consideration, the importance was not overlooked of having the remainder of the public domain in the States entirely open to their citizens, and the settlements extended in the newer portions of the country. The means granted being ample, the surveys were accordingly pressed forward with great activity ; the surveyors general having manifested a zeal, energy, and promptitude well suited to the responsibility which devolved on them. It was thought possible that in Florida some hostility might be shown, and delay created, by the Indians who might be found lingering in some parts of it ; and the War Department, at an early day gave authority for a military escort to be furnished from their posts in that country, in case of any such occurrence : but, as the surveying parties met with no interruption of the kind, they did not avail themselves of that precautionary measure.

There have been surveyed, since the Commissioner's last annual report, upwards of four millions and a half acres, exclusive of private land claims, and some re-surveys, where the field-notes were lost or destroyed by fire. In the south and southwest the surveys are extending to the farthest point, and in the northwest are progressing with the extinguishment of the Indian title. These surveys with the exception of the private land claims, formed the basis of the sales for the year 1844. On the establishment of the boundary-line between this country and Texas, under the convention of the 25th April, 1838, it was ascertained that some of our surveys and sales were within the Texan territory ; and orders were therefore given to the surveyor general of Louisiana to correct his surveys, so as to limit them to the true boundary, and make due returns thereof to the Land Office, that proper measures may be taken to refund the purchase money in all cases of sales thus erroneously made.

«Ich muss erobern oder sterben»

Poe war davon überzeugt, dass Literatur vom Effekt her betrachtet werden müsse. Nicht um Wahrheit und Belehrung soll es dem Dichter gehen, sondern um die *Erregung der Seele*. Und Poe war ein Meister der Effekte, er war besessen von den Figuren und Bildern der Angst, der Katastrophe, des Sogs und steigerte sie bis zum Äußersten. Wie ein Magier spielte er mit der Lust am Untergang, die er nicht nur immer und immer wieder ästhetisch inszenierte, sondern die zu seinem Leben, seiner Existenz gehörte.

Schmal war der Grad, auf dem er zeitlebens wandelte. Nur kurzfristig gelang es ihm, die Balance zu halten. So wie seine Helden, so sah er sich auch selbst *am Rande eines Abgrunds*[1] stehen. Poe hat die Wirkung beschrieben, die der Sog des Abgrunds auf den ausübt, der ihm zu entkommen versucht. Unsere Vernunft hält uns mit aller Macht von der Kante zurück, will uns vor der Gefahr schützen. Für den vom Sog Erfassten gibt es kein Halten, kein ruhiges Überlegen, es zieht ihn mit dämonischer Macht zum Abgrund hin. Unfähig, in dieser Situation zu denken, gerät er in eine Bewegung der Selbstzerstörung, in einen Taumel von Grauen und Lockung.[2] Poe glaubte sich immer wieder vom Rand des Abgrunds entfernt zu haben, gesichert zu sein. So auch im Jahre 1845, als in New York sein berühmtes Gedicht *Der Rabe* erschien. Urplötzlich stand Poe ganz oben. Die Zeitungen überschlugen sich in Lobeshymnen, druckten das Gedicht an prominenter Stelle und feierten Poe als Dichtergenie. Der große Erfolg des *Raben* hatte auch mit Poes Auftritten zu tun, es war ein wohl kalkuliertes Spiel mit Effekten. Im schwarzen, bis oben zugeknöpften Gehrock, um den Hals eine sorgfältig geknotete Krawatte, so trat er damals auf die Bühne. Mit seiner melodischen Stimme begann er dann jene Verse zu rezitieren: *Once upon a midnight dreary, while I pondered, weak and weary …* Wie eine altbekannte Melodie hebt das Gedicht an, und in rhythmischer Klangmalerei geht es weiter. Erzählt wird eine absurd-gespenstische Szene: In stürmischer

Edgar Allan Poe. Daguerreotypie von 1848. Das Bild entstand am 13. November, am Tag von Poes Verlobung mit Sarah Helen Whitman.

Nacht erhält ein junger Gelehrter, der einsam über seinen Büchern sitzt und seine tote Geliebte nicht vergessen kann, überraschenden Besuch von einem sprechenden Raben. Der Gelehrte beginnt den Raben anfangs amüsiert und ironisch, später mit unverhohlenem Ernst auszufragen, ob er Kunde von der toten Geliebten habe. Aber der Rabe beherrscht nur ein einziges Wort:

Nevermore. Was der Gelehrte auch fragt, als Antwort erhält er immer nur das vieldeutig-düstere *Nevermore*. An diesem Zauberwort hängt das ganze Gedicht, der ganze Gestus des Rezitierens, der einer magischen Beschwörung gleichkommt. Es war, so ein Zuhörer, als spräche Poe «zu etwas wirklich Anwesendem»[3].

Die theatralische Darbietung wurde zum gesellschaftlichen Ereignis. Im Februar lauschten über dreihundert Leute in der New York Society Library der Rezitation. Wenn Poe das Gedicht passagenweise in einen lyrischen Sprechgesang überführte, fühlten sich viele an eine musikalische Aufführung erinnert. Die Zeitungen waren voll des Lobes, vor allem beeindruckte die Pose, «die gefaßte Melancholie des Dichters am Rande düsterer Verzweiflung»[4], wie es im *New Yorker Express* hieß. Noch nie hatte ein amerikanisches Gedicht ein solches Echo hervorgerufen. Selbst im literarisch verwöhnten England machte der *Rabe* Furore. «Einige meiner Freunde», schreibt die Schriftstellerin Elizabeth Barrett Browning an Poe, «überwältigte die Angst, andere die Musik. Ich höre von Menschen, die das ‹Nevermore› verfolgt.»[5]

Bis zu seinem allgemein bewunderten Geniestreich galt Poe als ein skurriler Außenseiter der jungen amerikanischen Literatur, der sich als Redakteur mit aufmüpfig-rabiaten Literaturkritiken hervorgetan hatte und dem daneben einige bemerkenswerte Kurzgeschichten gelungen waren. Diese Erzählungen wurden von der Kritik gelobt, dem Publikum blieben sie jedoch fremd, dunkel und unverständlich. Was Poe in seinen Geschichten thematisierte, die inneren Ängste, das Beherrschtwerden durch die Triebe, schien nicht in die Neue Welt mit ihrem Fortschrittsoptimismus zu passen. Literatur sollte moralisch vorbildlich und aufbauend sein. Mit seiner Faszination für das Grauen, den Schrecken, die Katastrophenlust und Todessehnsucht verkörperte Poe die Kehrseite des «American Dream».

Anfänge und Aufbrüche

Familienroman

Fast alle Erzählungen Poes kreisen um das Problem der Selbstvergewisserung: Es sind Monologe, gehalten von Erzählern, die Grauenvolles erlitten oder Schreckliches getan haben, sie befinden sich auf der Schwelle zum Wahnsinn und machen mit dem Erzählen den Versuch, der eigenen Geschichte habhaft zu werden. Schon Name und Herkunft der Protagonisten sind häufig alles andere als eindeutig, sie stammen zwar aus wohlhabenden Familien, aber angespielt wird auch auf mancherlei Merkwürdigkeiten. In *Berenice* heißt es: *Mein Taufname ist Egaeus; den meiner Familie will ich nicht nennen.*[6] Die Erzählung *Eleonora* beginnt mit dem Satz des Protagonisten: *Ich entstamme einem Geschlecht, das berufen ist ob der Stärke seiner Fantasie und der Glut seiner Leidenschaft.*[7] *William Wilson* beginnt mit der Erklärung: *Sei mir erlaubt, mich für den gegenwärtigen Zweck «William Wilson» zu nennen.*[8] Äußerlich sind fast alle Helden mit ihren Familien zerworfen, innerlich aber empfinden sie eine kaum zu unterdrückende Sehnsucht nach dem familiären Milieu. Aus ihrer angestammten Welt sind sie herausgefallen; es sind haltlose, in sich gefangene Individuen, die sich selbst und ihre Existenz als Rätsel empfinden.

Poe hat dieses Rätsel nicht nur seinen Figuren aufgenötigt, er selbst fühlte sich mit ganzer Existenz in dieses Spiel verstrickt. Im Gegensatz jedoch zu seinen Lieblingshelden war sein familiärer Hintergrund in den Augen der besseren Gesellschaft alles andere als respektabel. Er wuchs als Pflegesohn des wohlhabenden Geschäftsmannes John Allan auf. Da er von seinem Pflegevater nie adoptiert wurde, blieb auch öffentlich sichtbar, dass er eigentlich nicht dazugehörte, kein «Allan» war, sondern das Kind eines umherziehenden Schauspieler-Ehepaars. Nicht von Stand zu sein, keiner guten Familie anzugehören, darin sah Poe die Hypothek seines Lebens. Er war der festen Überzeugung, dass die Vorgeschichte die entscheidenden Akzente setzt: *Das Bewußtsein hoher Geburt,* schreibt Poe, *ist eine moralische Kraft, deren Wert die Democraten, und wären sie vollgestopft mit Mathematik, nimmermehr zu ermessen vermögen.*[9]

Die Vorgeschichte der Familie Poe beginnt durchaus vielversprechend. Es ist die Geschichte amerikanischer Einwanderer, die, wie so viele damals, den Verheißungen der Neuen Welt folgten und es zu Anerkennung und Ansehen brachten. Den Grundstein zu dieser Entwicklung legte der Urgroßvater Edgar Allan Poes, John Poe. Er stammte aus Irland und lebte dort als Farmer. 1750 entschloss er sich zusammen mit seiner Frau und seinen beiden Söhnen, George und David, zur Emigration nach Amerika. Die Familie lebte kurze Zeit in Pennsylvania und zog dann nach Baltimore; hier begann der soziale Aufstieg. Eine besondere Rolle spielte dabei der erstgeborene Sohn David Poe, der Großvater des Dichters. Zunächst verkaufte und reparierte er Spinnräder, dann machte er sich im amerikanischen Unabhängigkeitskrieg einen Namen. David Poe engagierte sich im Kampf gegen die Engländer und zeichnete sich als Patriot aus. In ehrender Anerkennung seiner Verdienste nannte man ihn «General» Poe. Die Poes gehörten von da ab zu den angesehenen Familien in Baltimore, der weitere soziale Aufstieg schien gesichert, zumal in einem gesellschaftlichen Klima, das förderlicher nicht hätte sein können. Amerika stand nach der Lösung von England im Zeichen politischer und sozialer Reformen.

David Poe und seine Frau Elizabeth hatten sieben Kinder. Was die berufliche Karriere anging, setzte man seine Hoffnungen natürlich auf die Söhne, ganz besonders auf den 1784 geborenen David. David Poe jr., der Vater Edgar Allan Poes, sollte nach dem Willen der Familie Jurist werden. Ein angesehener Baltimorer Rechtsanwalt wollte ihn auch in seiner Kanzlei ausbilden, doch David Poe interessierte sich zum Leidwesen seines Vaters für das Theater. Als Schauspieler zu arbeiten war auf der Rangskala der Tätigkeiten, die man im Amerika dieser Zeit ausüben sollte, so ungefähr das Letzte. Wer sich gesellschaftlich nicht unmöglich machen wollte, der war dazu aufgefordert, sich von

Kunst und Literatur fern zu halten. Der Kunstgenuss galt als schädlich und wurde mit der Dekadenz des alten Europas in Verbindung gebracht. Als die Familie durch ein Zeitungsinserat vom Theaterdebüt ihres Sohnes erfuhr, war die Grenze erreicht. Ein Onkel, William Poe, machte sich auf den Weg und holte David von der Bühne herunter. Für kurze Zeit arbeitete er nun in einer Anwaltskanzlei, dann verließ er sein Elternhaus, um sein Glück als Schauspieler zu versuchen. Er spielte in zahlreichen Rollen, in Stücken von Kotzebue, Henry Brooke und Shakespeare. Die ersten Theaterkritiken bescheinigten ihm Talent und sprachen von einer hoffnungsvollen Begabung.

Unter dem schlechten Image des Schauspielerberufs hatten vor allem die amerikanischen Mimen zu leiden, ihre Kollegen aus England wurden wiederum von Presse und Publikum mit Neugier und Interesse bedacht. Am 5. Januar 1796 meldete die Bostoner Zeitung *Massachusetts Mercury* die Ankunft einer Mrs. Arnold mit ihrer kleinen Tochter aus dem Theatre Royal, Covent Garden, sowie einer Miss Green. Von der vornehmen Wesensart der Damen, ihren ausdrucksvollen Gesichtszügen und ihrer großen Grazie zeigte man sich sofort begeistert. Stolz war das Bostoner Theater vor allem auf die Verpflichtung von Mrs. Arnold, denn sie war im Covent Garden mit einigem Erfolg aufgetreten. Die besagte Tochter von Mrs. Arnold, Elizabeth, war zu diesem Zeitpunkt neun Jahre alt. Elizabeth Arnold, Edgar Allan Poes Mutter, wird wenig später bereits auf der Bühne stehen. Ihr Vater war vermutlich schon 1790 gestorben. Kurz nach ihrer Ankunft heiratete die Mutter ihren Klavierbegleiter und Kollegen Charles Tubbs, der ebenfalls mit nach Boston gekommen war. Mrs. Arnolds Auftritte wurden von der Presse gefeiert, doch mit dem Ende der Spielzeit endete auch die Anstellung in Boston. Für die Familie begann nun eine Zeit wechselnder Engagements. Im Jahre 1798 landet man in Philadelphia, damals die mit Abstand größte Stadt Amerikas und vor allem auch ein literarisches und kulturelles Zentrum. Der ganze Stolz der Stadt war das pompöse Theater mit über zweitausend Plätzen. Eine viel versprechende Spielzeit stand vor der Tür, doch kurz nach Eröffnung brach eine Gelbfieberepidemie aus, der vermutlich auch Mr. und Mrs.

Tubbs zum Opfer fielen. Mrs. Snowden, eine Schauspielerkollegin, nahm Elizabeth auf. In Philadelphia entwickelte sich Elizabeth zu einem kleinen Star. Mit ihrer Unbefangenheit, ihrer grazilen Figur, ihren dunklen Locken und großen Augen rief sie allgemeines Entzücken hervor.

Elizabeth blieb nicht lange in der Obhut von Mrs. Snowden. Im Sommer 1802, sie war eben fünfzehn Jahre alt geworden, heiratete sie ihren Schauspielerkollegen Charles Hopkins. Ungefähr zur selben Zeit schloss sich das Ehepaar einer anderen Truppe an, der Green's Virginia Company, die am Richmond Theatre auftrat. Elizabeth übernahm nun anspruchsvolle Rollen und wusste auch darin zu gefallen. Mr. und Mrs. Hopkins waren die großen Namen der Truppe. Ansonsten herrschte große Fluktuation, Schauspieler kamen und gingen. Im Jahre 1804 bekam ein wenig bekannter amerikanischer Schauspieler namens David Poe ein Engagement in der Company. In der folgenden Spielzeit stand er mit Elizabeth auf der Bühne und war hingerissen von ihrem Charme. Mit dem Ehepaar Hopkins pflegte David Poe enge Beziehungen. Das brachte auch berufliche Vorteile mit sich, denn Mr. Hopkins war zwischenzeitlich Leiter der Virginia Company geworden und besetzte die Hauptrollen mit seiner Frau Elizabeth und David Poe. So konnten sie auf der Bühne bereits ein Paar sein, bevor sie es dann wirklich wurden. Im Herbst 1805 starb Hopkins plötzlich, und im Frühjahr des folgenden Jahres heiratete David Poe die neunzehnjährige Elizabeth.

Nach ihrer Heirat löste sich das Ehepaar von der alten Theatertruppe und suchte sich neue Engagements. Von Richmond ging es nach Philadelphia, von dort nach New York, und schließlich wurden sie von Powell's Company in Boston unter Vertrag genommen. Fast drei Jahre, zwischen Oktober 1806 und Sommer 1809, spielten sie im Federal Street Theatre. Im Vergleich zu den anderen Städten erscheint das Engagement in Boston wie ein Abstieg. Die neuenglische Stadt, sehr puritanisch und streng bürgerlich in der Lebenshaltung, war nicht gerade eine kulturelle Hochburg, hier herrschte ein starkes Ressentiment gegen Kunst und Künstlertum, gegen alles Freigeistige und Sinnliche. Offensichtlich fühlte sich Elizabeth in dieser Stadt jedoch ganz wohl

Elizabeth Arnold Poe, die Mutter. Zeitgenössische Miniatur

und aufgehoben. Ihrem Sohn Edgar, der hier am 19. Januar 1809 zur Welt kam, hinterließ sie ein kleines Aquarell vom Bostoner Hafen mit einer Widmung auf der Rückseite: «Meinem kleinen Sohn Edgar, der Boston, seinen Geburtsort, immer lieben soll, denn seine Mutter fand dort ihre besten und innigsten Freunde.»[10] In das Lob der Bostoner mochte der Sohn später so gar nicht einstimmen: *Die Bostoner sind wohlerzogen – wie es sehr langweilige Leute meist sind.*[11]

Edgar war der zweite Sohn des Ehepaars, der erste wurde am 30. Januar 1807 geboren und auf den Namen William Henry getauft. Die viel beschäftigten Eltern, die jeden Abend auf der Bühne standen, wurden mit William kaum fertig, eine Hilfe konnte man sich nicht leisten, und so verfiel man auf den Gedanken, die Großeltern zu bitten, das Kind in Obhut zu nehmen. «General» Poe ließ sich überreden, und William blieb von nun an in Baltimore. Die Karriere der Eltern verlief höchst unterschiedlich. Während Elizabeth vom Publikum hofiert wurde, bekam David Poe des Öfteren Kritisches zu hören. Als das Theater zwei damals populäre Schauspieler verpflichtete, blieben für David Poe nur noch Nebenrollen. Der Abstieg vollzog sich im rasanten Tempo, er suchte Trost im Alkohol, im Theater wurde er nur noch geduldet, und die Ehe war ein Scherbenhaufen. Ein wenig Hoffnung keimte im Sommer 1809 auf, als man dem Ehepaar das Angebot machte, in der nächsten Saison im Park Theatre in New York aufzutreten. Der Niedergang David Poes war jedoch nicht mehr zu stoppen. Im Oktober trat er ein letztes Mal auf, dann ergab er sich völlig demoralisiert der Trunksucht und setzte sich von seiner Familie ab. Vermutlich starb er ein Jahr später, Ende 1810, möglicherweise an Tuberkulose.

Auch Elizabeth Poe litt an dieser damals unheilbaren Krankheit, erste Anzeichen machten sich 1810 bemerkbar. Und zu allen Sorgen kam eine dritte Schwangerschaft. Am 20. Dezember 1810 wurde Rosalie während eines Tourneeaufenthalts in Norfolk, Virginia, geboren. Trotz ihres schlechten Gesundheitszustands trat Elizabeth Poe täglich auf. Zur Unterstützung der kranken Schauspielerin veranstaltete das Theater Benefiz-Aufführungen. Ende 1811 konnte Elizabeth nur noch in Nebenrollen auftreten, ihre Kräfte reichten nicht mehr. Am 11. Dezember starb sie – vierundzwanzig Jahre alt. Der dreijährige Edgar und die einjährige Rosalie blieben als mittellose Waisenkinder zurück. In Richmond hatte man das Theaterpublikum zur Hilfe aufgerufen. Tatsächlich fanden sich kurz nach dem Tod der Mutter zwei Damen, die sich bereit erklärten, für die Kinder zu sorgen. Rosalie wurde von Mrs. Mackenzie aufgenommen und später adoptiert. Für Edgar interessierte sich Mrs. Frances Allan, die Frau eines reichen Geschäftsmannes. In Begleitung ihrer Schwester sprach Mrs. Allan in der Pension vor und nahm das Kind gleich mit. Der Wechsel hätte für den dreijährigen Edgar drastischer nicht sein können: eben noch in einer heruntergekommenen Absteige, im nächsten Moment schon in einer hochherrschaftlichen Kutsche auf dem Weg ins Haus der Allans.

DER AMERIKANISCHE TRAUM

Die Aufnahme Edgar Poes in das Haus der Allans trug alle Anzeichen eines Glücksfalles. Frances Allan war siebenundzwanzig Jahre alt, eine schöne Frau mit schwarzen Haaren und dunklen Augen. Mit ganzem Herzen hing sie an ihrer Ehe und dem wohl geordneten bürgerlichen Leben. Auch sie hatte ihre Eltern früh verloren und ihre Kindheit zusammen mit ihrer Schwester bei Pflegeeltern in Richmond verlebt. 1803 heiratete sie den Geschäftsmann John Allan – ein stattlicher Mann und eine gute Partie. Das Paar wohnte zusammen mit Frances' Schwester, Ann Moore Valentine, oberhalb der Geschäftsräume. Zum Leidwesen der Allans blieb ihre Ehe kinderlos.

Edgar Poe kam also gerade recht. Und wenn es nach Frances Allan und ihrer Schwester gegangen wäre, so hätte man das Kind sofort adoptiert. John Allan blieb jedoch skeptisch, eine Adoption kam für ihn zunächst nicht in Frage. Über die genauen Gründe lässt sich nur spekulieren: Vielleicht waren es die dubiosen Familienverhältnisse Edgar Poes, vielleicht fürchtete John Allan auch seinen Onkel, William Galt, zu verärgern, von dem er ein großes Erbe zu erwarten hatte. In der momentanen Situation blieb es bei einem Kompromiss: Man arrangierte eine kleine Taufzeremonie, und aus Edgar Poe wurde Edgar Allan Poe. Diese unter Vorbehalt stehende Aufnahme in die Familie hatte Konsequenzen: Edgar stand von Anfang an unter Erfolgsdruck.

In der amerikanischen Gesellschaft, zunächst vor allem in den Nordstaaten, war der Bewährungsgedanke tief verwurzelt, er entstammte der puritanischen Religiosität, die zum Wegbereiter und Motor der Modernisierung und Rationalisierung geworden war. Im Puritanismus wird nur dem Bewährung und «Gnade» zuteil, dessen Leben einem unermüdlichen Streben gleichkommt. In der Arbeit liegt die Quelle des Heils; sie gibt jedem die Möglichkeit, sein Glück in die eigenen Hände zu nehmen. Erfolg wurde im amerikanischen Traum zu einer machbaren Größe. Die Devise lautete so einfach wie faszinierend: Jeder kann aus seinem Leben etwas machen, wenn er nur arbeitsam ist und sich auf die natürlichen Anlagen besinnt. Der Glaube an Vernunft, an Moral und Selbstbestimmungsfähigkeit des common man, be-

Die Pflegeeltern Poes: John Allan und seine Frau Frances.
Poes Malerfreund Thomas Sully zugeschrieben, um 1804

reitete dem Mythos vom Land der unbegrenzten Möglichkeiten den Boden. Hinter der heroisierten Vorstellung vom autonomen Individuum steckte jedoch nur das zu rastloser Produktivität befreite Individuum. In den zwanziger und dreißiger Jahren des 19. Jahrhunderts setzte sich in Amerika ein Individualismus durch, der sich außerhalb von sozialen Verpflichtungen, von Traditionen und Bindungen definierte. Im tätigen, freien Individuum regiert ein uneingeschränkter Wille, der keine Selbstberuhigung kennt und die inneren und äußeren Grenzen, die menschliche Triebnatur und die Wildnis transformiert und unterwirft. Der Mensch ist das Anhängsel dieser grenzenlosen Expansion; einer rastlosen Produktivität verfallen, gibt es für ihn kein Außen, die Realität ist ihm genauso entglitten wie jede Form einer übergreifenden Rationalität. Poe hat in vielen Geschichten diese Konstellation aufgegriffen und Figuren entworfen, die in einer zirkulären Rationalität befangen bleiben und verzweifelte Anstrengungen machen, ihr eigenes Bewusstsein mit dem Realgeschehen in einen Zusammenhang zu bringen. Für Poe hatte der amerikanische Traum nicht nur eine dunkle Seite, sondern eine selbstzerstörerische Potenz.

John Allan dagegen repräsentierte den amerikanischen Traum, wenn auch in der spezifischen Färbung des Südens. Er sah das, was er erreicht hatte, als das Resultat harter Arbeit an. Der Ziehvater wurde im Jahre 1779 in Schottland geboren. Wie seine spätere Frau und sein Pflegesohn Edgar Poe verlor er in jungen Jahren seine Eltern und wuchs in der verwandten Familie Galt auf. Die Galts waren wie die Allans ursprünglich kleine Kaufleute. Den Aufstieg schaffte William Galt, Johns Onkel, der nach Amerika auswanderte und in Richmond ein Im- und Exportunternehmen aufbaute. In kürzester Zeit hatte er ein riesiges Vermögen gemacht und es zu einem der reichsten Männer in Virginia gebracht. Im Jahre 1795 kam Allan nach Richmond und ging bei seinem Onkel in die Lehre. Richmond war damals ein aufstrebendes, rasch wachsendes Zentrum, nahezu die Hälfte der Bevölkerung bestand aus Sklaven und schwarzen Arbeitern. Das größte Ansehen genossen die alteingesessenen Pflanzer, doch der Handel spielte eine immer wichtigere Rolle. Allan machte sich mit einem befreundeten Kollegen, Charles Ellis, schnell selbständig; die beiden Partner gründeten die Firma Ellis & Allan. Anfangs handelten sie hauptsächlich mit Tabak, schon bald aber weiteten sie ihr Sortiment beträchtlich aus. Ob Kohle, Weizen, Mais, Kaffee oder Tee – die Firma Ellis & Allan handelte mit allem, was Geld einbrachte, natürlich auch mit Sklaven, die meistbietend an Plantagen verkauft wurden.

Der Gentleman des Südens war Stolz auf seine Manieren, seinen Lebensstil und verachtete das bornierte Profitstreben seiner Landsleute aus dem Norden. Im Süden gingen die Uhren etwas anders, der amerikanische Traum setzte sich nur mit einiger Zeitverzögerung durch; neue Moden, freie Ansichten hatten es dort besonders schwer. Lange Zeit bestimmte der Süden die politischen Geschicke des Landes – die ersten Präsidenten stammten von hier, und sie waren, wie Washington, Jefferson oder Madison, fast ausnahmslos Grund- und Sklavenbesitzer. Unter der Herrschaft der «Virginia-Dynastie» machten die etablierten Familien des Südens den Präsidenten praktisch unter sich aus. Der Norden, in dem das Industrie- und Handelskapital beheimatet war, nahm wirtschaftlich zwar eine stärkere Position ein, blieb jedoch von den Spitzenpositionen in der Politik weitgehend ausgeschlossen. Einen ersten politischen Einbruch erlebte der Süden 1825 mit der Präsidentschaft des aus Boston stammenden John Quincy Adams. Endgültig gebrochen wurde die politische Vorherrschaft des Südens allerdings erst mit dessen Nachfolger: Andrew Jackson. Jackson trat gegen die Land und Sklaven besitzende Klasse des Südens und ihre aristokratischen Ansprüche auf. Nicht mehr allein die etablierten Familien sollten das Sagen haben, sondern jeder, der fähig wäre, sollte seine Chance erhalten.

John Allan hatte es unter der Devise des amerikanischen Traums zu Reichtum gebracht, doch er selbst fühlte sich den aristokratischen Wertvorstellungen des Südens verbunden; er pflegte den Lebensstil eines Mannes von Stand, der sich von strengen sittlichen Maßstäben leiten ließ. Am guten Ruf und der Wohlanständigkeit Allans änderten auch seine zwei unehelichen Kinder nichts. Einen unehelichen Sohn gab es bereits, als Edgar Poe aufgenommen wurde, dies mag mit ein Grund dafür gewesen sein, dass sich Allan über den Neuankömmling nicht allzu begeistert zeigte. Ansonsten gab es zu dieser Zeit sowieso wichtigere Probleme: Die Firma Ellis & Allan lebte vom Export ihrer Waren nach Europa. Im Jahre 1811 geriet das Exportgeschäft infolge der Napoleonischen Kriege in Gefahr. Die englische Seeblockade schnitt sämtliche Handelswege ab. 1812 erklärte James Madison den Engländern den Krieg. Allan meldete sich zur Armee, kam als Soldat jedoch nicht zum Einsatz. Nach dem Friedensschluss von Gent im Dezember 1814 versuchten die beiden Partner die Geschäfte wieder anzukurbeln – Allan hatte schon vor dem Krieg die Idee verfolgt, eine Niederlassung in London zu gründen, um den europäischen Markt besser in den Griff zu bekommen. Er selbst wollte die Dependance nun aufbauen und plante für den Sommer 1815 die Übersiedlung der Familie nach England.

EIN «RICHTIGER» SOHN

Für Edgar Allan Poe sind die ersten Jahre in Richmond eine goldene Zeit gewesen. Sein Ziehvater ließ es an nichts fehlen, ob Kleidung, Möbel, Bücher, eine Flöte und Noten für den Musikunterricht – Edgar wurde großzügig ausstaffiert. Auch wenn er auf dem Papier nicht der Sohn der Allans war, wurde er in dem Gefühl bestärkt, zur Familie zu gehören. Die Allans waren zufrieden mit ihrem Pflegekind, große Probleme scheint es nicht gegeben zu haben. Der erste private Schulunterricht in den Jahren 1814/15 verläuft hoffnungsvoll.

Als der Krieg mit England eskaliert, fahren Frances Allan und ihre Schwester mit Edgar aufs Land. Behütet und beschützt kehrt er im Januar 1815 mit ihnen nach Richmond zurück. Der Umzug nach England ist um diese Zeit beschlossene Sache. Am 22. Juni geht die Familie in Norfolk an Bord der «Lothair» und schifft sich nach Liverpool ein. In der zweiten Augustwoche geht es nach Schottland, wo Allans Schwestern Mary, Nancy, Jane und Elizabeth leben. Es folgt ein kurzer Besuch bei der Familie Galt, dann reist man nach London. Die Stimmung ist nicht gut, Frances Allan fühlt sich krank, das neblige, nasskalte Wetter geht ihr auf die Nerven, am liebsten würde sie auf der Stelle wieder abreisen. Tiefes Durchatmen, als man endlich in London ankommt und sogar im Handumdrehen eine Wohnung findet. Gleichwohl wird der Start schwierig, alles ist sehr viel teurer als gedacht, die Lebenshaltungskosten überschreiten bei weitem das vorgesehene Budget, an allen Ecken und Enden muss gespart werden. John Allan hatte seinen Pflegesohn auf die Old Grammar School in Irving schicken wollen. Möglicherweise hat Edgar die Schule Ende 1815 kurzfristig besucht und in dieser Zeit bei Allans Schwester Mary gewohnt. Sichere Informationen darüber liegen nicht vor. Anfang 1816 ist Edgar jedenfalls wieder in London. Von April an geht er in das Internat der Schwestern Dubourg in Chelsea, und als 1817 die geschäftliche Entwicklung nach oben zeigt, kann Allan ein renommiertes Internat für Edgar suchen. Er entscheidet sich für die von Reverend John Bransby geleitete Manor House School in Stoke Newington, damals ein hübscher ländlicher Vorort von London. Edgar Allan Poe hat später in *William Wilson* seine Zeit in

Die Manor House School in Stoke Newington, um 1860

der Manor House School zum Teil wieder aufleben lassen: *Meine frühesten Erinnerungen an ein Schulleben sind mit einem großen, weitläufigen Elisabethanischen Gebäude, in einer immer neblig wirkenden ländlichen Ortschaft Englands verknüpft, wo eine gewaltige Anzahl gigantischer knorriger Bäume herumstanden, [...].*[12] In der Manor House School wird großes Gewicht auf eine solide Bildung gelegt. Poe lernt Latein und Französisch, bekommt Musikunterricht und nimmt zusätzlich Tanzstunden. Allan meldet in seinen Briefen nach Virginia, wie überaus vielversprechend Edgar sich entwickele. Diese Einschätzung wurde nicht von allen geteilt. So erinnert sich der in *William Wilson* namentlich erwähnte Reverend Bransby zwar gern an seinen ehemaligen Schüler, er beschreibt ihn als intelligent und eigensinnig, nennt ihn einen «klugen Burschen mit einer raschen Auffassungsgabe»[13], doch er versieht sein Lob mit einer deutlichen Einschränkung: «Edgar Allan wäre ein Musterschüler gewesen, wenn ihn seine Eltern nicht allzu sehr verwöhnt hätten. Aber sie verwöhnten ihn eben und gestatten es auch, dass er stets über ein ungewöhnlich hohes Taschengeld verfügte, mit dem er eine Menge Unruhe stiftete und das ihm Gelegenheit zu allen möglichen Streichen gab.»[14] Folgt man der im Jahre 1839 veröffentlichten Erzählung *William Wilson*, dann bedeutete die Internatszeit für den verwöhnten Edgar eine Art Wendepunkt: *Habe ich nicht buchstäblich wie in einem Traum dahingelebt?*[15], heißt es dort einmal. Aus diesem Traum wird William Wilson plötzlich herausgerissen. Das entscheidende Ereignis ist die Entdeckung des anderen Ichs, das zum Ärgernis wird, weil es die eigenen Ansprüche dementiert. William Wilson büßt seine Privilegien ein und versucht sich durch *Niederträchtigkeiten*[16] hervorzutun oder, wie Reverend Bransby auf Poe bezogen sagt, durch «alle möglichen Streiche».

> Das eigentliche Schul=Zimmer war das größte im Hause – ja, wie ich meinte, auf der ganzen Welt. Es war sehr lang, sehr schmal, und widerwärtig niedrig, mit gotischen Spitzbogenfenstern und einer Decke aus Eichenholz. In einer entlegenen & angsteinflößenden Ecke befand sich ein abgeteiltes Räumchen von 8 oder 10 Fuß im Quadrat, der «während des Unterrichts» das Sanctum unsres Rektors, des Ehrwürdigen Doktor Bransby, bildete.
> Aus «William Wilson»

Konsequenzen hat dies zunächst nicht. Allan zahlt klaglos das kostspielige Internat, natürlich mit Einzelbett, regelmäßiger Haarpflege und gediegener Kleidung. 1818 hat er damit auch kein Problem, doch schon ein Jahr später gerät sein Geschäft in arge Schwierigkeiten. Auslöser war eine plötzliche Krise auf den englischen Finanzmärkten. Viele Unternehmen gerieten in Zahlungsschwierigkeiten und mussten Konkurs anmelden. Binnen kurzer Zeit spitzt sich die Lage auch für Allan bedrohlich zu. Im November 1819 schickt er einen Hilferuf an die Firma nach Richmond. Allan hofft noch eine ganze Weile, das Blatt wenden zu können, er versucht Schulden einzutreiben und Gläubiger hinzuhalten. Aber es hilft nichts, im Frühjahr 1820 ist das Scheitern nicht mehr abzuwenden. Allan kann zwar den Konkurs gerade noch verhindern, doch das Desaster bleibt auch so groß genug. In aller Eile lösen die Allans nun ihren Haushalt auf und schiffen sich am 16. Juni nach Amerika ein.

Konversion

Der zwölfjährige Poe lebte sich in Richmond schnell wieder ein, doch anders als in England wurde er hier erneut mit seiner Herkunft konfrontiert. Niemand sprach ihn mehr als Edgar Allan an, hier war er wieder Edgar Poe. Im Herbst 1820 kommt er in die Knabenschule von Joseph H. Clarke. Das Schwergewicht des Unterrichts bilden die alten Sprachen und die Literatur des Altertums. Wie sich Colonel T. L. Preston, ein Mitschüler, erinnert, gehörte Poe im Lateinunterricht zu den Besten: «Er liebte besonders die Oden des Horaz, und wiederholte sie so oft in meiner Anwesenheit, daß sich mir allein durch den Klang die Worte vieler dieser Oden einprägten»[17]. Aber Poe fühlte sich nicht nur zu feingeistigen Dingen hingezogen. Er wird als vortrefflicher Sportler geschildert, als ein schneller Läufer, ein brillanter Hoch- und Weitspringer und ein außergewöhnlicher Schwimmer. Mit seinen Leistungen wusste Poe zu beeindrucken, gleichwohl war er nicht sehr beliebt. Professor Clarke beschreibt Poe als leidenschaftlich und aufbrausend. Ein Mitschüler erinnert sich, dass es auch Vorbehalte gegenüber Poes Herkunft gab: «Von Edgar Poe war bekannt, daß seine Eltern Schauspieler gewesen waren und daß er von der Großmut seiner Pflegeeltern abhing.»[18] Poe schrieb in dieser Zeit kleine Spottverse auf Lehrer und Klassenkameraden. Er orientierte sich dabei an Alexander Pope, von dem er die strenge Form übernahm, die Beachtung von Reim und Metrum, aber auch die Neigung zur Satire, zum Witz und bisweilen gehässigen Spott. Züge davon finden sich in Poes erstem erhaltenen längeren Gedicht *Oh, Tempora! Oh, Mores!*, das um 1824/25 entstanden sein muss. Irgendwann um diese Zeit gewinnen andere Vorbilder an Einfluss: Milton, Shelley, Thomas Moore und vor allem Lord Byron, von nur partieller Bedeutung für ihn sind dagegen die großen romantischen Dichter Wordsworth und Coleridge. Poe hat sich gern als Dichtergenie stilisiert und die Anfänge seiner lyrischen Produktion in die frühe und früheste Jugendzeit verlegt. Ein Beispiel dafür ist das Gedicht *To Helen*. In einem Brief an die Dichterin Sarah Helen Whitman weist er 1848 darauf hin, das erstmals 1831 veröffentlichte Gedicht stamme aus seinen Jugendjahren, er habe es sich in seiner Knabenzeit, als

Jane Stith Craig Stanard – «Helen» Stanard, die erste «rein ideale Liebe»

er die erste *rein ideale Liebe* fühlte, von seiner *Seele geschrieben*.[19] Den Anstoß dazu soll die Mutter seines Schulfreundes Robert Stanard gegeben haben. Jane Stith Stanard muss eine schöne und gebildete Frau gewesen sein, der junge Edgar Poe hat sie sehr bewundert und einige Male besucht. Das Ganze währte nicht lange; im April 1824 starb Mrs. Stanard im Alter von einunddreißig Jahren vermutlich an einem Gehirntumor. Wann das Gedicht tatsächlich geschrieben wurde, ist nicht genau festzustellen. Die veröffentlichte Fassung entstand jedoch mit Gewissheit geraume Zeit nach dem Tod von Mrs. Stanard.

John Allan konnte zwar nicht viel mit der poetischen Leidenschaft seines Pflegesohns anfangen, aber Edgars Einstellung, sein offensichtlicher Fleiß imponierten ihm nicht wenig. Edgars Enthusiasmus tat ein Übriges, und schon bald sprach John Allan bei Professor Clarke vor, legte eine Auswahl der Gedichte auf den Tisch und bat um ein sachverständiges Urteil. Professor Clarke mahnte zur Vorsicht. Die Gedichte seien zwar für einen Jungen seines Alters ganz erstaunlich, aber von einer Publikation sei abzuraten, er befürchte nachteilige Folgen für Edgars charakterliche Entwicklung. Allan sprach nicht unbedingt dagegen. So anerkennenswert die poetischen Talente sein mochten, entscheidend für den weiteren Lebensweg wäre ein bürgerlicher Beruf. Vom Schreiben allein konnte in Amerika kaum jemand leben, es sei denn, er arbeitete als Redakteur. Die Schriftstellerei blieb in der ersten Hälfte des 19. Jahrhunderts im Wesentlichen ein Privatvergnügen: Washington Irving arbeitete als Gesandtschaftsattaché, Longfellow lehrte hauptberuflich an der Universität, Hawthorne war als Journalist und Zollbeamter tätig, Emerson studierte an der Harvard University Theologie und bekleidete zunächst ein geistliches Amt, Thoreau gründete eine Schule und arbeitete als Lehrer, Melville fuhr anfangs zur See und arbeitete später als Zollinspektor. Um Schreiben zu können, musste man einer Arbeit nachgehen, oder man lebte in wohlhabenden Verhältnissen. James Fenimore Cooper war so ein Fall: In den zwanziger Jahren des 19. Jahrhunderts avancierte er zum bekanntesten amerikanischen Schriftsteller. Cooper wuchs auf dem Landsitz seines Vaters in Cooperstown am Lake Otsego auf, er begann ein Studium, das er bald wieder abbrach, quälte sich einige Zeit bei der Marine, war als Konsul in Lyon vorgesehen, reiste jedoch lieber kreuz und quer durch Europa und zog sich schließlich schreibend nach Cooperstown zurück.

Nach dem Willen des Ziehvaters sollte Edgar zunächst etwas Solides werden, ein Rechtsanwalt oder ein Geschäftsmann. So hat Poe dessen Wünsche jedenfalls gedeutet. In der Erzählung *Der Geschäftsmann*, die auch als Glosse über John Allan gelesen werden kann, heißt es: *Ich bin Geschäftsmann. Ein methodischer Mensch. Methode ist schließlich die Sache. Doch giebt es Niemanden, den ich herzlicher verachte als diese exzentrischen Narren [...]. Wenn es irgend nur etwas auf Erden gibt, das ich hasse, so ist es ein Genie.*[20] Geschäftsmann und Genie – so definierte Poe den Gegensatz. In der Erzählung redet sich der Geschäftsmann in Grund und Boden, denn sowohl seine Methode wie sein Arbeitsethos sind völlig inhaltsleer, und sein Reichtum verdankt sich zum Teil dem Zufall. Das war im Grunde auch bei Allan der Fall. Die Fassade des soliden Geschäftsmannes bekam 1824 deutliche Risse. Seit Jahren bewegte sich die Firma Ellis & Allan am ökonomischen Abgrund, doch man hatte nach außen hin den Schein gewahrt, die Geschäfte weiterlaufen lassen, obwohl man hoch verschuldet war. Anfang 1824 musste die Firma wegen Zahlungsunfähigkeit aufgelöst werden. Allan konnte sich nur mit Hilfe seines Onkels William Galt retten. Aus eigener Kraft wäre er wohl kaum wieder auf die Beine gekommen, der Zufall half ihm. Gut ein Jahr später starb sein Onkel, und Allan erbte ein riesiges Vermögen.

Fortan war er ein gemachter Mann, der auf großem Fuß lebte. Er kaufte sich ein Herrenhaus, das er mit kostbaren Möbeln und einer repräsentativen Bibliothek prachtvoll einrichtete. Schlagartig änderte sich auch Poes Leben; Edgar bekommt im Herrenhaus ein schönes Zimmer und wird neu eingekleidet. Durch Hauslehrer wird er nun auf das Studium vorbereitet. Als Studienort hat Allan die gerade von Thomas Jefferson gegründete Universität von Virginia in Charlottesville ausgesucht.

Jefferson, Verfasser der Unabhängigkeitserklärung, dritter Präsident der Vereinigten Staaten, hatte sich in seinen letzten Lebensjahren ganz der Errichtung einer Universität verschrieben, die das neue demokratische Denken Amerikas entwickeln und repräsentieren sollte. Poe kam 1826 als junger «Southern gentleman» nach Charlottesville, kultiviert und gut vorbereitet. Die zurückliegenden Monate waren für ihn einigermaßen aufregend gewesen. Nicht nur wegen des neuen Lebensabschnitts: Im Sommer kam sein älterer Bruder Henry zu Besuch. Die beiden Brüder sahen sich zum ersten Mal, bislang hatte man sich nur geschrieben. Henry war zur See gefahren und erzählte bei dieser Gelegenheit von seinen Reiseerlebnissen. Vieles davon, so vermutet man, hat Poe später in seinen Geschichten aufgegriffen. Und einige Reisestationen seines Bruders integrierte er in seinen eigenen Lebenslauf. Auch Henry schrieb Gedichte und stellte sie bei dieser Gelegenheit vor, auch die haben im Werk Edgar Allan Poes Spuren hinterlassen.[21] Spuren hinterließ um diese Zeit noch ein anderes Erlebnis: Kurz bevor sein Bruder nach Richmond kommt, macht Edgar die Bekanntschaft mit Sarah Elmira Royster, der Tochter eines Nachbarn. Schnell entwickelt sich eine schwärmerische erste Liebe. Aus der von beiden ersehnten Verbindung wird jedoch nichts. Elmiras Vater mögen nach einem Gespräch mit John Allan Zweifel darüber gekommen sein, ob Edgar Allan Poe dereinst das Vermögen erben und die erhoffte gute Partie für seine Tochter sein würde. Elmira Royster erinnert sich im vorgerückten Alter an ihre Jugendliebe: «Er war ein schöner Junge – nicht sehr gesprächig. Wenn er mit mir plauderte, war er angenehm und wohlerzogen, aber von seinem Wesen und seinem Auftreten her schien er mir stets etwas bedrückt und traurig zu sein.»[22]

Einen ganz anderen Eindruck machte Poe während seines Studiums auf seine Kommilitonen, sie beschrieben ihn als «ziemlich wilden jungen Mann»²³, der mit der Disziplin nicht zurechtkam, über die Stränge schlug, Spielschulden hatte und dem Alkohol zusprach. In der Tat endete Poes Studium nach viel versprechendem Beginn schon nach einem knappen Jahr in einem Desaster. Er hatte sich bei Professor George Long, der Griechisch und Latein las, eingeschrieben und bei Professor Georg Blaettermann, der Deutsch, Französisch, Italienisch, Spanisch sowie Geschichte und Geographie unterrichtete. Das Studium fiel ihm nicht schwer, er geriet jedoch in ein problematisches Umfeld. Mit der Disziplin unter den Studenten stand es nicht zum Besten. Immer wieder kommt es zu Alkoholexzessen, Glücksspielen und zu allerhand makabren Scherzen. Allan, der von den Umtrieben hört, wird von seinem Pflegesohn in vielen Briefen beruhigt. Offenbar steckte Poe jedoch von Anfang an in Schwierigkeiten – das behauptet er jedenfalls in einem Schreiben an Allan vier Jahre später. Man muss diesen Brief vom 3. Januar 1830 allerdings mit Vorsicht lesen. Es ist ein strategischer Brief und eine Art Generalabrechnung: *Ich will's nur kühn sagen, daß es einzig und allein Ihr eigener verfehlter Geiz war, welcher all die Schwierigkeiten verursachte, in die ich während meines Aufenthalts in Charlottesville geriet. Die Kosten am Institut betrugen bei niedrigstem Anschlag $ 350 pro Jahr. Sie schickten mich mit $ 110 dorthin. Von diesen waren $ 50 unmittelbar für Pension zu erlegen – $ 60 als Kolleg-Gelder für zwei Professoren […]. Dann*

Sarah Elmira Royster, von Edgar Allan Poe gezeichnet

waren weitere $ 15 für Zimmermiete zu bezahlen – denken Sie bitte daran, daß all dies im voraus zu entrichten war – von $ 110! – Des weiteren $ 12 für ein Bett – und nochmals $ 12 für Zimmermöblierung. Ich hatte natürlich den Verdruß, mich in Schulden stürzen und ein offizielles Darlehen aufnehmen zu müssen.[24] Seine Kommilitonen erinnern sich später daran, dass Poe bei ihren Eskapaden eine Vorreiterrolle beanspruchte. Wenn er in Stimmung war, rezitierte er Gedichte oder zeichnete mit dem Kohlestift wilde Szenen an die Wände des Schlafraums. Poe litt sehr unter Stimmungsschwankungen. Um sich emotional zu stabilisieren, griff er zum Alkohol, den er mit einigem Abscheu zu sich nahm. «Er trank nicht wie ein Genießer, sondern wie ein Barbar», schreibt Baudelaire später.[25] Poes Kommilitone Thomas Goode Tucker kann dies aus eigener Anschauung bestätigen: «Schon damals war die Art seiner Leidenschaft für harte Drinks höchst eigentümlich und ungewöhnlich. Es war nicht der Geschmack des Getränkes, der ihn interessierte; stets ergriff er das verführerische Glas, gewöhnlich ohne Zucker oder Wasser hinzuzufügen – also ‹perfectly straight› –, und stürzte es in einem Zug hinunter, ohne das leiseste Anzeichen von Genuß […]; dann brach ein unversiegbarer, wilder und faszinierender Redefluß aus ihm heraus, der mit sirenenhafter Macht alle Zuhörer unwiderstehlich in seinen Bann schlug.»[26] Poe trug bei diesen Gelegenheiten wahrscheinlich auch Verse aus dem ein Jahr später veröffentlichten ersten Gedichtband *Tamerlan* vor. Möglicherweise rezitierte er auch das Gedicht *Träume*, in dem ein lyrisches Ich vorkommt, das nur abgelöst von der Welt, in der Einsamkeit und im Traum, glücklich sein kann. Dieses Gedicht, im Stil Byrons geschrieben, ist für Poe auch so etwas wie eine Bilanz und Ortsbestimmung, in der Welt der Poesie und Literatur sieht er seine Heimat. Das Verhältnis von Traum und Wirklichkeit wird ihn bis an sein Lebensende beschäftigen. 1849 erscheint das Gedicht *Ein Traum in einem Traum*, mit dem Poe nicht nur auf Novalis anspielt, sondern auch Margaret Fullers *Summer on the Lakes* zitiert; es ist die überarbeitete Version eines Gedichts, dessen erste Fassung 1827 unter dem Titel *Imitation* veröffentlicht wurde. Eine weitere Variante erschien 1829. Die Unterschiede zwischen den einzelnen Fassungen sind so bedeutend, dass der Poe-Herausgeber Mabbott mit guten Gründen von selbständigen Gedichten spricht.[27] In *Imitation* wird melancholisch die verlorene Jugend betrauert; die verklärte Trauer über das verlorene Kindheitsparadies war ein Topos der romantischen Dichtergeneration. Mit persönlichen Erfahrungen hatte dies nur bedingt zu tun. In der Fassung *Ein Traum in einem Traum* hingegen kündigt Poe jede Zeitgenossenschaft auf, hier wird nicht mehr mit tragischem Bewusstsein auf das Leben geblickt, sondern ohne viel Pathos ein Resümee gezogen: *Auf die Stirn dir diesen Kuß! / und da ich nun scheiden muß, / sag' dies ich nur zum Schluß: / Ganz recht hat eure Klage, / daß ein Traum warn meine Tage; / doch ob nun die Hoffnung floh / bei Tag, bei Nacht, ob irgendwo / in Schlafgesichten, müdem Sinnen, / ist sie darum nicht von hinnen? / Was wir scheinen und schaun im Raum, / ist nur ein Traum in einem Traum.*[28]

Über die Grenzen von Traum und Wirklichkeit nachdenkend, muss Poe die Realität wie ein einziger Albtraum vorgekommen sein, aus dem er vergeblich zu erwachen suchte. Im Dezember 1826 erfährt er, dass Elmira einem anderen versprochen ist. Im selben Monat kommt John Allan nach Charlottesville und nimmt seinen Pflegesohn von der Universität. Zu diesem Zeitpunkt steht Poe bei seinen Gläubigern mit 2500 Dollar in der Kreide[29] – für die damaligen Verhältnisse ein enormer Betrag. Als er nicht mehr zahlen kann, schicken seine Gläubiger die Rechnungen an Allan, der sich jedoch weigert, für alle Schulden aufzukommen. Allan steckt seinen Pflegesohn in die Buchhaltung der vor einiger Zeit wieder begründeten Firma Ellis & Allan. Längst ist Poe überzeugt von seiner Berufung als Dichter. Für Allan waren das nur Flausen; er stellte seinen Pflegesohn vor die Alternative, sich anzupassen oder aber ohne weitere Unterstützung seinen eigenen Weg zu gehen. Nach einer neuerlichen Auseinandersetzung schlägt Poe im März 1827 die Tür des Herrenhauses hinter sich zu. Ein Bruch – aber beileibe nicht das Ende der Beziehung.

«... UNRETTBAR EIN POET»

Poe hatte von sich aus Konsequenzen gezogen. Ein bisschen muss er sich dabei gefühlt haben wie sein großes Vorbild Byron, als der, wagemutig und kampfentschlossen, zur Befreiung Griechenlands aufbrach. Byron freilich war für solche heroischen Gesten gut präpariert gewesen, er hatte ein Renommee, hatte Geld und gute Freunde, die ihn bei seiner Unternehmung unterstützten. Als Poe «aufbrach», stand er ziemlich mittellos und ohne einen Freund dar. Die Situation, in die ihn sein Entschluss versetzt hatte, wurde ihm schnell bewusst. Ein Brief an Allan, ein paar Stunden nach der entscheidenden Szene geschrieben, macht das deutlich: *Mein Herr, nach dem, wie Sie mich gestern behandelt haben, und unserem Wortwechsel heute morgen wird Sie der Inhalt dieses Briefes kaum überraschen. Mein Entschluß steht nun endgültig fest – Ihr Haus zu verlassen und zu versuchen, irgend einen Ort in dieser weiten Welt zu finden, wo man wenigstens anders mit mir umgeht, als Sie es taten.*[30] Aus Poes Briefen an Allan spricht nicht nur Hass und Verbitterung, sondern auch ein zutiefst enttäuschtes Liebesverlangen. Immer wieder buhlt er um Allans Zuneigung, er zieht dabei alle Register, entschlossen spielt er die Rolle des unverstandenen Genies, den alle Welt zurückweist, weil er anders ist. In einem nicht veröffentlichten Gedicht, das Mabbott auf 1829 datiert, gibt Poe Auskunft über diese Gefühlslage: *Von Kindheitsstund' an war ich nicht / Wie andere waren – sah ich nicht / Wie andere sahen – konnt' ich meine Leidenschaften / Aus gemeinsamer Quelle nicht schöpfen – / Hab' meine Trauer nicht aus gleichem Ursprung / Ich genommen – konnt' ich mein Herz / Zur Freude nicht an gleichem Ton erwecken – / Und alles, was ich liebte – liebte ich allein [...]*[31]

Im März 1827 fuhr Poe nach Boston. Vielleicht ging der Entschluss dazu von jenem kleinen Aquarell vom Bostoner Hafen aus, das ihm die Mutter hinterlassen hatte: Hier hatte sie – so stand ja es auf der Rückseite – ihre

> Wir mögen Boston. Wir sind dort geboren – und vielleicht ist es angebracht, nicht zu erwähnen, daß wir uns dessen herzlich schämen. Die Bostoner sind auf ihre Art ganz in Ordnung. Ihre Hotels sind schlecht. Ihre Kürbispasteten sind köstlich. Ihre Dichtung ist nicht so gut. Ihr Gemeindepark ist ein gemeiner Park – und der Ententeich spräche an, wenn die Frösche ihn nicht übertönten.
> «Boston und die Bostoner»

besten und innigsten Freunde gefunden, hier war sie glücklich gewesen. Warum also sollte hier nicht auch der Sohn sein Glück finden? Wo Poe in Boston wohnte und wie er dort lebte, davon ist wenig bekannt. Poe selbst wirft mit Nebel um sich. Er sah sich gern als Abenteurer und Weltenbummler, als Freiheitskämpfer und natürlich als romantisches Dichtergenie à la Byron. Die neuere Forschung kommt demgegenüber einhellig zu dem Schluss, dass die Wirklichkeit weit weniger exotisch war [32]: Poe arbeitete wahrscheinlich für kurze Zeit in einem Handelsunternehmen und dann im Büro einer kleinen Zeitung. In seiner freien Zeit feilte er an seinen Gedichten. Was sein Talent anging, so mangelte es ihm nicht an Selbstbewusstsein. In Boston fand Poe schon nach kurzer Zeit einen ersten Verleger für seine Gedichte. Calvin F. S. Thomas besaß eine kleine Druckerei, hatte jedoch im verlegerischen Handwerk weder Erfahrung, noch verfügte er eigentlich über das nötige Kapital. Nichtsdestotrotz werden alle Schwierigkeiten beiseite geräumt, und bereits im Juni oder Juli erscheint in ungefähr 50 Exemplaren das kleine Bändchen mit dem Titel *Tamerlane and Other Poems, by a Bostonian*. Zwei Zeitschriften zeigen im August das Erscheinen von *Tamerlane* an. Ansonsten bleiben diese Gedichte von Kritik und Leserschaft unbeachtet. Und daran hat sich bis in unsere Tage wenig geändert. Aus reinem Vergnügen, meint der Poe-Forscher Daniel Hoffman, würde heute niemand *Tamerlane* lesen.[33] Auch Poe war nicht ganz glücklich mit den Versen und hat sie immer wieder umgearbeitet, insgesamt vier Fassungen liegen vor. Das Versepos – so Hoffman – krankt an seinen verschiedenen, zum Teil konfligierenden Ansprüchen.[34] Mit *Tamerlane* zielt Poe auf die große Form, eine epische Erzählung in lyrisch-dramatischen Versen, ein romantisches Heldenepos, das zugleich einen philosophischen Diskurs über Geist und Materie beinhaltet. Im Hintergrund steht unter anderem die Verstragödie «Tamerlan der Große» von Christopher Marlowe. Das heroische Drama vom titanischen Menschen, der, aus armen Verhältnissen kommend, furchtlos sein Schicksal in die Hand nimmt und aller Welt die Stirn bietet, hatte für Poe etwas ungemein Anziehendes. Eine andere Inspirationsquelle ist Byrons «Giaour» gewesen. Im Mittelpunkt dieser Verserzählung steht der Titelheld

Edgar Allan Poe. Lithographie von Édouard Manet, um 1888. Frontispiz der von Mallarmé herausgegebenen Edition «Les Poèmes d'Edgar Poe». Aus dem Besitz von Poes Biographen John Henry Ingram, die Inschrift besagt: «Par E. Manet./An original sketch by E. Manet given me/by Mallarmé. J. H. I.»

Giaour, dem seine Geliebte entrissen wird und der sich grausam rächt. Poe verknüpft beide Motive und lädt sie mit der eigenen Geschichte auf. Sein Tamerlane ist ein ehrgeiziger Bauernsohn, der gegen den Vater aufbegehrt und in die Welt zieht, schließlich Erfolg hat, zum großen Eroberer wird, doch, nach Hause zurückgekehrt, erfährt, dass seine Geliebte gestorben ist. Eigentlich, so Mabbott, handelt es sich bei *Tamerlane* um eine sehr persönliche Allegorie [35], die alles enthält, was Poe in jener Zeit bewegte, der Aufbruch in eine neue Welt, der Verlust der Jugendliebe, die misslungene Heimkehr und natürlich der Konflikt mit dem Vater.

Als *Tamerlane* erschien, war Poe bereits Soldat in der Armee der Vereinigten Staaten. Am 26. Mai verpflichtete er sich unter dem Namen «Edgar A. Perry» für fünf Jahre. Bis zum Herbst bleibt die Einheit in Boston, dann wird das Regiment in wärmere Gefilde nach Fourt Moultrie auf Sullivan's Island in Süd-Carolina verlegt. In seiner Erzählung *Der Goldkäfer* hat Poe das triste Ambiente dieser Insel beschrieben: *Dies Eiland ist wohl einzig in seiner Art. Es besteht aus wenig mehr denn Seesand und hat rund drei Meilen Länge. Seine Breite geht an keiner Stelle über eine Viertelmeile hinaus. […] Keinerlei Baumwuchs von einiger Höhe ist zu sehen. Am westlichen Ende, wo Fort Moultrie steht und wo es ein paar elende Fachwerkhütten gibt, zur Sommerszeit bewohnt von Leuten, welche vor Charlestons Staub und Fieberluft geflohen, […]*[36] Über Poes Leben in dieser Zeit ist wenig bekannt. Der Dienst kann aber nicht sehr aufregend gewesen sein. Die Jahre zwischen 1815 und 1846 werden auch als «Thirty Years' Peace» bezeichnet – das militärische Leben erschöpfte sich im Drill. Poe hatte damit offenbar keine Probleme, er wurde sogar wegen seiner korrekten Dienstauffassung belobigt. Im Januar 1829 wird er zum Sergeant Major befördert. Kurz zuvor war das Regiment nach Fortress Monroe, an der Mündung des St. James River, nicht weit von Richmond, verlegt worden. Irgendwann um diese Zeit hatte Poe dann aber genug vom Leben als einfacher Soldat, er betrieb seine Entlassung. Was nicht ganz leicht war, denn von der fünfjährigen Dienstzeit hatte er nicht einmal zwei Jahre hinter sich gebracht. Poe enthüllte seinem Vorgesetzten, Lieutenant Howard, seine wahre Identität und berichtete vom Zerwürfnis mit seinem Pflegevater. Der Lieutenant gab Poe den Rat, sein Gesuch um Entlassung aus dem einfachen Dienst mit einer Bewerbung für die Militärakademie in West Point zu verbinden. Seine Chancen stünden nicht schlecht, schließlich erinnerten sich noch viele an «General Poe», und wenn John Allan die Bewerbung unterstützte, sei seine Aufnahme gesichert. Poe musste sich mit Allan aussöhnen – eine heikle Aufgabe, Howard vermittelte. Zwei Jahre lag der Konflikt zurück, doch Allan war in der Zwischenzeit keineswegs milder gestimmt. Edgar, so schrieb er an Howard, solle bis zur Beendigung seiner Dienstzeit bleiben, wo er ist. Nun war Poe am Zug, und er machte keineswegs einen Kniefall: *Ich bin nun so lange in der amerikanischen Armee gewesen, wie ich es, meiner Situation entsprechend, für notwendig erachtete […]. Die Blütezeit meines Lebens wäre vergeudet – und es wird mir nichts übrig bleiben, als entschlossenere Maßnahmen zu treffen, wenn Sie mir Ihre Hilfe versagen […]. Es wird Ihnen auffallen, daß ich offen zu Ihnen spreche – wie sollte ein solcher Ehrgeiz bestehen oder Talent sich entfalten ohne die Gewißheit des Erfolges? Ich habe mich in die Welt gestürzt wie der normannische Eroberer gegen die Küste Englands und durch meinen Siegesschwur die Flotte vernichtet, die allein meinen Rückzug hätte sichern können – ich muß erobern oder sterben, mich durchsetzen oder entehrt werden.*[37] Poe imaginierte sich als Eroberer, der mit stolz geschwellter Brust der Welt zurief: «Ich allein!» In Allans Augen war das starker Tobak, er machte sich nicht einmal die Mühe zu antworten; auch den nächsten Brief legte er zu den Akten. Am 4. Februar 1829 unternimmt Poe einen dritten Versuch, diesmal schreibt er sachlich von seinen Plänen, die militärische Laufbahn einzuschlagen und sich in West Point zu bewerben. Am Ende unterläuft ihm jedoch eine bezeichnende Ungeschicklichkeit, er berichtet davon, sich verschuldet zu haben und Geld zu benötigen. Allan hätte wohl auch diesen Brief unbeantwortet gelassen, wenn nicht ein unvorhergesehenes Ereignis eingetreten wäre. Ende Februar schreibt er, dass Mrs. Allan im Sterben liege. Poe bricht sofort auf, kommt aber zu spät in Richmond an. Auch wenn Mrs. Allan nicht die Rolle eines Bündnispartners hatte spielen können, für Edgar hegte sie zeitlebens eine starke Zuneigung. Die Begegnung zwischen Allan und Poe verlief dabei offenbar konfliktfrei; Allan sagte sogar seine Unterstützung für eine Bewerbung zu und schrieb den gewünschten Brief, in dem er um die Entlassung Poes bat. Anfang April wird von den Militärbehörden die Genehmigung erteilt. Zuvor muss Poe noch einen Ersatzmann stellen und eine – unerwartet hohe – Kaution hinterlegen, die ihn erneut, wir werden es noch sehen, in Schwierigkeiten bringt. In den kommenden Wochen sammelt Poe Empfehlungsschreiben. Auch Allan setzt sich für ihn ein und schreibt an den Kriegsminister, allerdings mit nicht gerade überschwenglichen Worten.

Im Mai reist Poe nach Washington und gibt seine Empfehlungsschreiben bei der Militärbehörde ab. Poe muss sich gedulden, und er tut dies, indem er sich um seine dichterischen Arbeiten kümmert. Nach dem sang- und klanglos untergegangenen ersten Gedichtband plant er einen neuen Versuch. Wie schon in *Tamerlane* zielt er auch diesmal auf die große Form, ein Versepos, das er *Al Aaraaf* nennt. Dieses Gedicht ist von besonderem Interesse, weil es Poes private Kosmologie enthält, an der er von nun an unverdrossen festhalten und die er weiter ausdifferenzieren wird, bis hin zu *Heureka*, das kurz vor seinem Tod entstandene Traktat über die Entstehung und Entwicklung des Universums. Als Poe im Mai 1829 für *Al Aaraaf* einen Verleger sucht, wendet er sich brieflich an Isaac Lea, den Mitinhaber des in Philadelphia ansässigen Lea & Carey Verlages, und gibt einige Erläuterungen zum Versepos: *Der Titel «Al Aaraaf» stammt vom Al Aaraaf der Araber, einem Mittel zwischen Himmel & Hölle, wo die Menschen keine Strafen erleiden, aber auch noch nicht die Ruhe oder gar das Glück erreichen, das ihnen als Charakteristikum himmlischer Freuden gilt. Ich habe dieses «Al Aaraaf» in den von Tycho Brahe entdeckten berühmten Stern verlegt, der so plötzlich verschwand, wie er aufgetaucht war. [...] Eine der Eigenarten von Al Aaraaf besteht darin, daß jene, die sich dort niederlassen, sich selbst nach dem Tode nicht der Unsterblichkeit erfreuen, sondern nach einem zweiten Leben der Hochgespanntheit in Vergessenheit und Tod versinken [...]. Das Gedicht beginnt mit einem (unlogischen) Sonett in Byrons Manier in seinem Gefangenen von Chillon. [...] In meiner Phantasie habe ich mir ausgemalt, einige gut bekannte Persönlichkeiten aus der Zeit, als der Stern erschien, würden nach Al Aaraaf versetzt – nämlich Michel Angelo. [...] Wenn das Gedicht veröffentlicht wird, ob mit Erfolg oder ohne, bin ich «unrettbar ein Poet».*[38] Wie Mabbott recherchiert hat, ließ sich Poe beim Schreiben vor allem von John Miltons «Paradise Lost» und Thomas Moores «Lalla Rookh» und «Loves of the Angels» anregen. Vermutlich benutzte er auch die englische Übersetzung des Korans von Sale, die auch Moore in «Lalla Rookh» herangezogen hatte.[39] Mit den bedeutenden Gewährsleuten im Hintergrund veranstaltet Poe eine Art Welttheater; die kleinen Dramen der Menschheit interessieren ihn nicht, er thematisiert das Entstehen und Vergehen des menschlichen Lebens, ja des Universums überhaupt: Zwei weibliche Engel herrschen über Al Aaraaf, Nesace und Ligeia, die für Schönheit und Harmonie stehen. Was Gott und göttlicher Wille sei, vermittelt sich in diesen beiden Engeln. Im zweiten Teil taucht der von Poe erwähnte Geist Angelos (Michelangelos) mit seiner geliebten Nymphe Ianthe auf. Ein Kennzeichen von Al Aaraaf ist die Flüchtigkeit: Alles existiert nur für eine be-

volume – I have wished to publish some minor poems with Al Aaraaf – But as the work would depend for character upon the principal poem it is needless, at present to speak of the rest.

"If the poem is published, succeed or not, I am irrecoverably a poet." But to your opinion I leave it, and as I shall be proud of the honor of your press, failing in that I will make no other application.

I should add a circumstance which, tho' no justification of a failure, is yet a merit in success. The poem is by a minor & truly written under extraordinary disadvantages.

with great respect
Your obt. ser.
Edgar A. Poe

I am staying at
Heiskells.

I cannot refrain from adding that Mr. Wirts voice is in my favor.

at City Hotel

Dritte und letzte Seite des Briefes von Edgar Allan Poe an Isaac Lea vom Verlag Carey and Lea in Philadelphia. «Wenn Al Aaraaf veröffentlicht wird, ob mit Erfolg oder ohne, bin ich ‹unrettbar ein Poet›.»

stimmte Zeit und vergeht dann unwiederbringlich. Die Verse sperren sich gegen eine eindeutige Auslegung, selbst von einer Handlung kann man im strikten Sinn nicht sprechen, es lassen sich nur vage Beziehungsmuster identifizieren, die immer wieder durch überbordende Bilder und phantastische Architekturen entgrenzt werden. Baudelaire hatte wohl auch *Al Aaraaf* im Sinn, als er schrieb: «Poes Dichtung hat etwas Tiefes und Schillerndes wie der Traum.»[40] Damit sich der Leser nicht in diesem Traum verliert, hat Poe seine Verse mit Anmerkungen versehen, die er im Wesentlichen Thomas Moore entlehnt.[41] Mabbott hat später eine Gliederung und einen Handlungsablauf des Gedichts erstellt. Bei aller Kritik an *Al Aaraaf* lässt sich ein entscheidender Unterschied zu *Tamerlane* erkennen: Poe benutzte seine Gedichte nicht mehr, um mit der eigenen Geschichte zu rechten, er nahm sich einer Fragestellung an, die weit über sein persönliches Lebensschicksal hinausging. In dem veröffentlichten Band wird dies weniger an *Al Aaraaf* deutlich als an den kürzeren Gedichten. So trägt das vorangestellte *Sonett – An die Wissenschaft* programmatische Züge. Poe stellt die Wissenschaft an den Pranger, die alles, was dem Leben Bedeutung und Sinn gibt, entzaubert hat. Der Rationalismus findet in sich selbst keine Grenze, keine Beruhigung, er löst alle Bestimmungen auf und vertreibt Geist und Schönheit gleichermaßen.

In *Al Aaraaf* sah Poe das Sprungbrett, das ihn herauskatapultieren würde. Hätte er Geld, könnte er dem Verleger eine Sicherheit bieten. Doch das Geld von Allan reichte gerade einmal so zum Leben. Poe fasst sich ein Herz und schreibt an den Pflegevater, eröffnet ihm sein neues Buchprojekt und bittet ihn, für 100 Dollar zu bürgen: *Das wäre natürlich der maximale Verlust für den Fall, daß kein einziges Exemplar des Werkes verkauft würde – Es ist mehr als wahrscheinlich, daß das Werk sich als profitabel erweist & ich gewinne statt verliere, sogar in finanzieller Hinsicht.*[42] Allans Reaktion fällt negativ aus – empört entzieht er Poe bis auf weiteres al-le Unterstützung. In der Not nimmt Poe nun etwas intensiveren Kontakt zu seiner Verwandtschaft auf, doch eine nennenswerte Unterstützung kann er von dieser Seite nicht erwarten. Seine Großmutter, die Witwe von «General» Poe, lebte von einer

Maria Clemm, die Tante und spätere Schwiegermutter. Carte de Visite nach einer Daguerreotypie, 1849

kleinen Rente, mit der sie außerdem noch ihre ebenfalls im Haus lebende verwitwete Tochter Maria Clemm und deren Kinder, Henry und Virginia, unterstützte. Eine zusätzliche Belastung erwuchs der Familie durch Poes älteren Bruder Henry, der an Tuberkulose erkrankt und ins großelterliche Haus aufgenommen worden war. Maria Clemm wird zukünftig eine wichtige Rolle in Poes Leben spielen, sie wird sich für ihn zu einer Ersatzmutter entwickeln, ihn mit großer Liebe und Zuneigung umsorgen und ihm in vielen Krisensituationen Rückhalt bieten. Ihre damals siebenjährige Tochter, Virginia, wird Poe später heiraten, da ist sie dann gerade einmal dreizehn Jahre alt.

Die Verhältnisse in der großelterlichen Familie in Baltimore waren nicht gerade berauschend. Doch so schwierig die materielle Situation zu dieser Zeit war, es gab auch einige Lichtblicke: Poe kam über einen Verwandten in Kontakt mit dem *Delphian Club*, einer bedeutenden literarischen Gesellschaft unter Leitung des Rechtsanwalts und Autors William Gwynn. Zu den Mitgliedern zählten namhafte Persönlichkeiten wie der Autor und Herausgeber Jared Sparks, der Schriftsteller George H. Calvert oder der Politiker und Schriftsteller John Pendleton Kennedy, der zu einem bedeutsamen Förderer Poes werden sollte. Im Kreis der arrivierten Mitglieder betrachtete man den Neuling mit freundlichem Interesse. Poe reichte seine Gedichte herum, die Reaktion fiel allerdings zunächst nicht überwältigend aus. So schrieb er weiter Briefe und verschickte seine Gedichte. Auch bei den Größen des Literaturbetriebs versuchte er es, so bei Nathaniel Parker Willis, Herausgeber, Journalist, Dichter, Dramatiker – ein Tausendsassa der kulturellen Szene, ein Zeitgeist-Autor mit dandyhaften Allüren, nur drei Jahre älter als Poe, stand er bereits ganz oben. Es gab zahlreiche junge Dichter, die sich mit ihren Versen an ihn wandten. Willis hielt sich viel darauf zugute, Qualität unfehlbar erkennen zu können. Ohne viel Federlesen fällte er sein Urteil – Daumen rauf oder runter. Poe hat sich später in seiner Erzählung *Der Duc de L' Omelette* über diese eitle Selbststilisierung lustig gemacht und das Gehabe des Dandys kräftig durch den Kakao gezogen.

Die erhoffte Starthilfe kam schließlich von anderer Seite, von John Neal, einem heute kaum mehr bekannten Schriftsteller und Literaturkritiker, der damals in Portland, Maine, eine Zeitung herausgab, den «Yankee». Neal bekam von Poe das Gedicht *To Heaven* (*Fairyland*) zugesandt und schrieb ein paar launige Zeilen über die anmaßende Großspurigkeit eines Autors, der sich offenbar für ein Genie halte und ganz unsinnige

Nathaniel Parker Willis (1806–1867), Journalist, Dichter, Literaturkritiker und der «Duc de L'Omelette». Zeitgenössisches Pastellbildnis von Samuel Laurence

Verse produziere. Ein zwiespältiges Lob, doch immerhin eine Reaktion. Poe versucht den Strohhalm festzuhalten, umwirbt Neal und schickt ihm *Al Aaraaf*. Ungeachtet seiner eigentlichen Hochstimmung äußert sich Poe eher abwägend-kritisch zum eigenen Werk und antizipiert damit Neals Vorbehalte. Und im Dezember

1829 veröffentlicht dieser dann auch ein paar anerkennende Worte über *Al Aaraaf*. Trotz einiger Fehler gebe es ganz bemerkenswerte Passagen in diesem Gedicht. Ob ein großes Talent wie Poe allerdings seinen Platz in der Literatur finden werde, das hänge nicht vom Wert der Poesie allein ab, sondern auch von den Lebensumständen – ein Fingerzeig auf Poes schwierige Situation, die Neal offenbar nicht verborgen geblieben war.

Als der Artikel erschien, war *Al Aaraaf* bereits im Druck. Einen Monat zuvor hatte der Verlag Hatch & Dunning einer Veröffentlichung zugestimmt, *zu äusserst vorteilhaften Bedingungen*[43], wie Poe sofort an Allan schrieb, denn der Verlag würde die Druckkosten übernehmen und dem Autor 250 Exemplare überlassen. Natürlich sprach Poe bei dieser Gelegenheit auch gleich seine aktuellen Geldsorgen an. Allan zeigte sich mildtätig, schickte ein paar Dollar für das Notwendigste; möglicherweise war er erstaunt über die Beharrlichkeit, mit der Poe sein Buchprojekt durchgesetzt hatte. So ist sicher auch zu erklären, dass der Pflegesohn im Januar 1830 für ein paar Monate nach Richmond zurückkehrte und von Allan freundlich aufgenommen wurde. In dieser Zeit konnte Poe die ersten Besprechungen seines Gedichtbandes lesen, in einer Baltimorer Zeitung erschien eine ermunternde Rezension, möglicherweise von Gwynn oder Neal. Um auch in Richmond für etwas mehr Publizität zu sorgen, initiierte Poe unter dem Namen der Buchhandlung Sanxey eine Zeitungsanzeige, die mit den «goldenen Worten» Neals auf den Gedichtband aufmerksam machte. Zurückgekehrt in das Haus seines Pflegevaters, konnte der gerade einundzwanzigjährige Poe ein heimliches Triumphgefühl nicht unterdrücken. Anfang 1830 sah es so aus, als würde sich seine Geschichte zum Guten entwickeln; Poe durfte sich für den Moment in dem Gefühl sonnen, ein Poet zu sein. Allans Begeisterung hielt sich zwar in Grenzen, doch die lobenden Worte, die ihm zu Ohren gekommen waren, hatten ihre Wirkung auch nicht gänzlich verfehlt. Alles schien in schönster Ordnung. Poe würde ein paar Wochen im Haus bleiben und dann nach West Point gehen. Aber der Friede währte nicht lange. Zum neuerlichen Eklat kam es, als Allan von beträchtlichen Schulden erfuhr, die Poe immer noch bei Kameraden aus seinem alten Regiment in Fortress Monroe hatte, unter anderem bei seinem Ersatzmann Sergeant Graves. Mehr noch als die Schulden erzürnte Allan ein Brief des Sohnes an Sergeant Graves, in dem abfällige Bemerkungen zu lesen waren – Poe schrieb, Allan sei nur selten nüchtern. Für Allan war damit ein definitiver Schlusspunkt erreicht. Louisa Gabriella Patterson, die im Herbst 1830 John Allans zweite Frau wurde, bestätigte später die unversöhnliche Haltung Allans gegenüber seinem Pflegesohn.

Poe suchte nun für kurze Zeit Zuflucht in Baltimore. Im Juni musste er zur Aufnahmeprüfung nach West Point – eine reine Formsache, keine Schwierigkeit für ihn. Nach der Vereidigung im Juli begann die Grundausbildung. West Point war die hohe Schule der Militärs, eine Elite sollte hier herangezogen werden, und entsprechend hart waren die Bedingungen. Poe war mit den besten Vorsätzen an die Akademie gekommen, nebenbei wollte er weiter schreiben, doch alles kam zum Erliegen, sein Durchhaltewille und seine Kräfte schwanden, er griff zum Alkohol, verschuldete sich und war bald wieder da, wo er an der Universität in Charlottesville aufgehört hatte. Als seine Situation zum Jahresende immer verfahrener wird, schreibt er in seiner Not an Allan. Obwohl er sich mit Bitten zurückhält und nur moderat seine Lage schildert, hat Poe kein Glück. Der Pflegevater schreibt harsch zurück, dass er ihre Beziehung als beendet ansehe und in Zukunft nichts mehr von ihm hören wolle. Die strikte Verweigerung trifft ihn hart; Poe steht mit dem Rücken zur Wand und entschließt sich, reinen Tisch zu machen. Am 3. Januar 1831 wirft er Allan vor, ihn wie einen Bettler an die Akademie geschickt zu haben, sodass er nun gezwungen sei, seinen Dienst zu quittieren. Als sozusagen letzten Dienst erbittet Poe von Allan, der nominell immer noch sein Vormund ist, eine schriftliche Einwilligung zum Entlassungsgesuch. Poe nahm wohl an, dass Allan auf ein derartiges Ansinnen nicht reagieren werde, denn er kündigt in seinem Brief bereits an: *Von Stund an, da ich dies schreibe, werde ich meine Studien und Pflichten an der Akademie vernachlässigen. – Wenn ich Ihre Antwort nicht innerhalb von 10 Tagen erhalte, muß ich die West Point ohne sie verlassen – denn andernfalls würde ich mich disziplinarischer Entlassung aussetzen.*[44] Tatsächlich ließ Allan nichts von sich hören. Eine persönliche Notiz besagt stattdessen: «Ich glaube nicht, daß der Junge eine einzige gute Eigenschaft hat. Er mag tun oder lassen, wie ihm beliebt – ich hätte ihm, allein schon auf Grund der Schilderung seiner Lebensumstände, sicherlich geholfen, obwohl ich kein Wort davon glauben kann, was er schreibt.»[45] Poe vernachlässigte, wie angekündigt, seine Dienstpflichten, eine am 28. Januar 1831 einberufene Kommission beschloss die Suspendierung. Am 19. Februar konnte der Dichter West Point vorzeitig verlassen.

DAS HARTE BROT

Erste Station nach seinem Abschied von der Militärakademie war New York. Müde und erschöpft nimmt Poe sich ein Zimmer in einer billigen Pension und schreibt erneut einen Brief an Allan: *Werter Herr, trotz all meinen guten Vorsätzen, es nicht zu tun, fühle ich mich genötigt, Sie ein weiteres Mal um Unterstützung zu bitten.*[46] Ein unwürdiges, ein quälendes Schauspiel beginnt mit diesem Schreiben. Poe, der genau weiß oder eigentlich wissen müsste, dass er, nach allem was geschehen ist, kaum eine Chance hat, von Allan eine Unterstützung zu bekommen, versucht es trotzdem. Demütig und zerknirscht wirft er sich vor ihm auf den Boden, aber nicht um sich auszuliefern, sondern um Allan, den strafenden, herzlosen «Vater», moralisch ins Unrecht zu setzen: *[...] eines Tages werden Sie einsehen, was Sie mir angetan haben.*[47] Poe blieb mit seinen Anklagen allein; doch er war auch ein Überlebenskünstler, der sich mit viel Geschick aus den drückendsten Umständen zu befreien verstand. Auch diesmal war er nicht, wie behauptet, ganz und gar mittellos; er hatte, als er West Point verließ, Geld in der Tasche, das ihm jedoch nur anvertraut war. Es handelte sich um Geld von seinen Kameraden für einen Gedichtband. In der Militärakademie war Poe vor allem durch seine Verse aufgefallen, freilich nicht mit ernsthafter Poesie, wie er sie bislang veröffentlichte hatte, sondern mit witzigen Spottgedichten, gemünzt auf unliebsame Vorgesetzte. Und als Poe seinen Kameraden die Idee unterbreitete, er wolle diese Gedichte veröffentlichen, nur müssten sich genügend Kadetten finden, die einen solchen Band vorfinanzierten, kam innerhalb kürzester Frist das

Geld von über 130 Subskribenten zusammen. Poe setzte diese Mittel ein, um im April sein drittes Buch, *Poems*, auf den Markt zu bringen. Ein einfach ausgestatteter Band, in einer Auflage von nur wenigen hundert Exemplaren, für den er vermutlich nicht das ganze Geld hinlegen musste. Seine ehemaligen Kameraden konnten beim Erscheinen des Bandes die Widmung lesen: *To the U. S. Corps of Cadets*, vom Inhalt waren sie dann allerdings kaum amüsiert. Poe präsentierte ernsthafte Lyrik, mit der die Kadetten und auch die Kritik wenig anfangen konnten.

Der Dichter hatte wohl mit verhaltenen Reaktionen gerechnet, denn in einem Vorwort weist er die Kritik erst einmal in die Schranken; wer Kritik an einem dichterischen Werk übe, der müsse selbst über poetische Fähigkeiten verfügen. Selbstverständlich dürfe jedermann eine Meinung über Poesie haben, wirklich beurteilen könne sie aber nur ein Kritiker, der auch poetisches Talent besitze. Neben der Kritik handelt Poe im Vorwort noch ein anderes Lieblingsthema ab, die Funktion und Bedeutung von Dichtung und dichterischem Schaffen. In den vierziger Jahren wird er in mehreren grundlegenden Essays seine Anschauungen zu diesem Komplex darstellen (*Die Methode der Komposition; Die Logik des Verses; Das poetische Prinzip*). Doch schon 1831 kommen wesentliche Punkte seiner Poetik zur Sprache. Gedichte, so Poe, sind aus der Perspektive der Wirkung zu betrachten; und die einzige Wirkung, um die es Poe gehen kann, ist das Vergnügen, die Freude. *Der Vers, so sagt er später, entstammt dem menschlichen Vergnügen an der Gleichheit, am Stimmigen. Auf dieses Vergnügen sind denn auch alle Stimmungs-Elemente des Verses auszurichten: Rhythmus, Metrum, Strophe, Reim, Alliteration, der Refrain und andere entsprechende Effekte.*[48] Um Vergnügen auszulösen, muss ein Vers in allererster Linie stimmig sein, er muss auf Harmonie, Proportion, auf Regelmäßigkeit in der Abfolge der Versfüße und Silben aufgebaut sein. Das tonale Gewebe steht im Vordergrund, nicht der Gegenstand oder gar die Botschaft eines Gedichts. Im Vorwort von 1831 kontrastiert Poe seine Auffassungen mit denen von Wordsworth, der nämlich glaube ganz ernstlich, *Ziel aller Dicht-Kunst sei die Belehrung*[49]. Über poetische Prinzipien hat Poe schon früh nachgedacht und dabei für sich Formulierungen gefunden, die sich auch später nicht mehr grundlegend ändern sollten. Auf einem anderen Blatt steht, wie weit diese Prinzipien in die eigene Praxis eingingen. Seine eigenen Gedichte jedenfalls wurden von der Kritik eher zwiespältig aufgenommen, einige Verse fanden die ungeteilte und grenzenlose Bewunderung des Publikums, andere wurden geradezu vernichtend kritisiert. Für die zeitgenössische amerikanische Kritik war Poe zunächst vor allem ein unverständlicher, ein unklarer Lyriker. Zu *Poems* erschien nur eine einzige Rezension, und die schlug genau in diese Kerbe. George P. Morris schrieb Anfang Mai im «New York Mirror», dass es in Poes Gedichten zweifellos schöne Stellen gebe, aber insgesamt handele es sich um Orakel, die man je nach Lust und Laune deuten könne.

Poems enthielt fünf überarbeitete Gedichte aus den beiden vorhergehenden Veröffentlichungen und sechs neue Gedichte: *To Helen, Israfel, Irene (The Sleeper), The Valley of Unrest, A Pean (Leonore), The Doomed City (The City in the Sea)*. Mit *Israfel* nimmt Poe das Thema von *Al Aaraaf* auf – die Idee der Schönheit: Der Engel Israfel singt so rein und schön, dass er alle anderen Geschöpfe übertrifft; Israfel steht für eine vollkommene Harmonie, die dem menschlichen Ohr fremd bleibt. In der irdischen Wirklichkeit ist das Schöne immer schon zum Untergang verurteilt. Deutlich wird dies in dem oben bereits angesprochenen Gedicht *To Helen*, in dem viele Kritiker eines der besten Gedichte Poes sehen.[50] Die Schönheit der Geliebten bringt Poe durch eine Vielzahl von Verweisungen zur Sprache, die in ihrer Bedeutung oft rätselhaft und dunkel bleiben. Ganz wie er selbst es in seiner Poetik fordert, steht hier das Klangliche im Vordergrund, Reim, Rhythmus, Alliteration machen den eigentlichen Reiz des Gedichts aus. Mit Helen besingt Poe nicht die schöne Frau, er sucht gar nicht erst entsprechende Attribute, er wendet sich von jeder Möglichkeit der Fixierung ab. Die Schönheit Helens ist nur der Schlüssel für eine höhere Schönheit, wie sie im Ideal der griechisch-römischen Klassik aufscheint: *[…] zu der Glorie, die Hellas hieß, / und der Größe, die Rom einst war.* Sukzessive wird der Schönheit alles Lebendige entzogen: *Sieh! auf der prächtigen Galerie / stehst du, wie je nur ein Standbild stand, die achatene Lampe in marmorner Hand!* Bekanntlich hat Poe den Tod einer schönen Frau als das eigentlich poetische Thema bezeichnet. In den *Poems* schlägt er dieses Thema erstmals konsequent an: So in *Leonore*, in der es vordergründig um die tote Geliebte geht, doch nicht sie wird hier betrauert, sondern ihre Erhebung in den Himmel wird gefeiert: *kein Grablied will ich klagen – / es soll ihre Bahn ein beschwingter Päan / begleiten aus alten Tagen!*[51] Auch in *Irene* (*The Sleeper*) thematisiert Poe den Tod einer schönen Frau. Aufgebahrt im Leichenhaus, macht die Tote auf den Beobachter den Eindruck einer im Schlaf entrückten Schönheit: *[...] wie fremd dein Haar, das ich nie so gekannt – / und die Weihestille, die alles hier bannt! / Sie schläft! Oh, möge ihr Schlummer sein, / wie dauernd, gleichso tief und rein! / Auch hülle der Himmel behütend sie ein!*[52] Die forcierten Reime, die melancholische Gestimmtheit, die sich aus den Begriffen der schwarzen Romantik speist (*Mitternacht, Mond, dumpfe Nebel, verwitterte Ruinen, Schatten, bleiche Gespenster, düstere Waldeskluft, Grabgewölbe* usw.), darin steckt nicht nur raunende Verklärung, mystische Feier, darin offenbart sich auch eine zutiefst kindliche Naivität. So wie das Kind die Angst wegbetet und die Augen schließt, um den Schrecken zu bannen, so wird in diesen Versen der Schrecken des Todes in immer neuen Anläufen bearbeitet, das Reale wird dabei ins Irreale, in eine Wunschphantasie verkehrt: *Meine Liebe, sie schläft! Oh, möge so rein / und tief, wie er dauernd, ihr Schlummer sein!*[53] Vielleicht trifft auf dieses Gedicht am ehesten zu, was T. S. Eliot über Poe sagt: Er sei eigentlich ein «Versemacher»[54], der viel Gefühl für das Beschwörende in der Dichtung habe: «[...] eine Be-

An Helen

Deine Schönheit, Helen, sie gleicht für mich
der nikäischen Barke mit stolzem Bug,
die einst sanft über duftende Seen strich
und den weg-wunden Wanderer gleichwie im Flug
ans Heimatgestade trug.

Von lange durchirrter Meere Gefahr
dein klassisches Antlitz mich heimwärts wies,
Najade, dein hyazinthenes Haar,
zu der Glorie, die Hellas hieß,
und der Größe, die Rom einst war.

Sieh! auf der prächtigen Galerie
stehst du, wie je nur ein Standbild stand,
die achatene Lampe in marmorner Hand!
Ah, Psyche, aus Regionen, die
sind heiliges Land!

schwörung, die gerade infolge ihrer Unreife die Gefühle auf einer niederen, nahezu primitiven Ebene erregt.»[55]

Noch ein weiteres großes Thema Poes wird in seinem dritten Gedichtband sichtbar, der Entwurf traumhafter, imaginärer Landschaften. *The Valley of Unrest* und *The Doomed City* (*The City in the Sea*) stellen in ihren Raum- und Architekturbezügen bereits einen Vorgriff auf die großen Erzählungen dar. In beiden Gedichten gestaltet Poe bizarre Traumlandschaften, die im zwanzigsten Jahrhundert unter dem Einfluss der Psychoanalyse als Umsetzung der menschlichen Psyche gelesen worden sind. Zweifellos bildet die Stadt in *The City in the Sea* ein hoch besetztes symbolisches Terrain; es ist ein angsterfüllter Seelenraum, in dem das kollektive Unbewusste haust, aber eben auch eine Stadt *im düsteren* – man möchte hinzufügen, amerikanischen – Westen, in der es kein menschliches Leben mehr gibt. In den Häusern wohnen nur noch die Toten, die monströs und fratzenhaft auf eine entleerte, zerbrochene Welt schauen:

Ergeben unter dem Himmel ruht / der schwermutsvollen Wasser Flut. / Und so verschmolzen sind Schatten und Bau, / daß alles wie schwebend erscheint im Grau / der Luft, indessen aus Höhen, umloht, / gigantisch niederblickt der Tod.[56]

Mit solchen albtraumhaften Szenarien konnte man in der optimistischen Periode des amerikanischen Traums wenig anfangen. Der «Westen» war alles andere als *düster*, er war ein leuchtendes Bild der Verheißung. Das Land expandierte, der Pioniergeist der *frontier* erlebte in der Jackson-Ära eine neue Belebung. Mit Entschlossenheit und neuen technischen Mitteln machte man sich daran, die eroberten «wilden» Räume zu zivilisieren: 1828 wurde die erste Passagierstrecke der Eisenbahn eröffnet, für die Dampfschifffahrt wurden neue Kanäle gebaut, 1830 glückte der erste Ballonaufstieg, die Eroberung des Luftraumes rückte in greifbare Nähe. Die Angst-Räume Poes mussten in den Jahren des Wachstums und des technischen Fortschritts auf Unverständnis stoßen.

Mit *Poems* hatte Poe die lyrische Produktion seiner letzten Wochen und Monate zwischen die Buchdeckel gebracht, zu verdienen war damit nichts. Poe machte sich auf nach Baltimore, zu seiner Tante Maria Clemm; es war die einzige Adresse, die ihm in dieser Situation blieb. In Baltimore teilte er sich eine kleine Kammer mit seinem Bruder, dessen gesundheitlicher Zustand sich stark verschlechtert hatte.

Am 1. August starb Henry im Alter von vierundzwanzig Jahren. Vielseitig talentiert, aber unfähig, diese Talente auch einzusetzen, war er zeitlebens aus den trostlosen Verhältnissen nicht herausgekommen. Ein familiäres Dilemma – und für Edgar Allan Poe eine Warnung. Doch was sollte er machen? Er bemühte sich intensiv um eine Arbeit und griff nach jedem Strohhalm. Als der «Philadelphia Saturday Courier» im Juni 1831 einen Preis für die beste Kurzgeschichte ausschrieb, zögerte Poe nicht lange, schließlich gab es hundert Dollar zu gewinnen. Der finanzielle Druck mag auch einer der wesentlichen Beweggründe gewesen sein, die ihn veranlassten, sich nun der Prosa zuzuwenden.

Poes Zuflucht, das Haus der Familie Clemm in Baltimore

Was man heute gemeinhin als short story bezeichnet, war damals ein noch weitgehend unabgestecktes literarisches Terrain. Mit dem Aufkommen von Zeitschriften hatte sich die Kurzgeschichte als adäquate Form entwickelt, der Erfolg des Mediums in Amerika machte auch die short story populär. Poe war nicht der eigentliche Erfinder, aber er sollte «der erste Meister der ‹short story›»[57] werden. Mit den Geschichten, die er dem «Saturday Courier» schickte, gewann Poe zwar nicht den Preis, aber die eingereichten fünf Erzählungen wurden im Laufe des Jahres 1832 veröffentlicht und honoriert. Am 14. Januar 1832 erscheint anonym *Metzengerstein*. Poe knüpft mit dieser Erzählung an das damals populäre Genre der Schauergeschichte an. Die Kritik hat ihm später vorgehalten, er sei bloß ein Nachahmer der Schauerromantik deutscher Provenienz; und Poe reagierte insofern darauf, als er bei einem Nachdruck von *Metzengerstein* den Untertitel hinzufügte: *A Tale in Imitation of the German*. Möglicherweise um deutlich zu machen, dass es sich bei *Metzengerstein* nicht um eine Fortführung, sondern um eine Parodie des Genres handelte. Die Erzählung lässt eine solche Lesart kaum zu. Den Vorwurf, deutschen Vorbildern verhaftet zu sein, pariert er im Vorwort zu *Tales of the Grotesque and Arabesque* (1840) mit der Bemerkung, sein Schrecken komme *nicht aus Deutschland, sondern aus der Seele*[58]. Für *Metzengerstein* gilt dies nur mit Einschränkungen; Schrecken und Seele bleiben nur äußerlich miteinander verbunden, gleichwohl ist die Geschichte gekonnt erzählt. Mit den beiden einleitenden Sätzen führt Poe den Leser sofort in den Bannkreis des Themas: *Grau'n und Verhängnis sind zu allen Zeitaltern weit hin über die Lande gegangen. Warum denn der Geschichte ein Datum geben, die ich erzählen will?*[59] Überall und zu allen Zeiten soll die Geschichte spielen können. Der Ich-Erzähler nimmt dann aber doch eine Lokalisierung und ungefähre Zeitbestimmung vor, zugetragen habe sich das Ganze im *Inneren Ungarns*, zu einer Zeit, als man dort noch an die Lehren der Metempsychose, der Seelenwanderung, glaubte – ein Aberglaube, wie der Erzähler sofort und verdächtig schnell hinzufügt. Hintergrund der Geschichte ist ein uralter Konflikt: Die Familien Berlifitzing und Metzengerstein haben sich seit Generationen erbittert bekämpft. Den Beteiligten ist die Ursache selbst nicht ganz klar, es gibt allerdings eine alte Prophezeiung, die den Konflikt im Kern benennt und sogar den Ausgang der Geschichte scheinbar verrät: ‹*Ein hehrer Name kommt gar furchtbar schwer zu Fall, wenn, wie der Reiter seinem Roß, die Sterblichkeit Metzengersteins obsiegen wird der Unsterblichkeit Berlifitzings.*›[60] Mit den beiden Familien stehen sich also Sterblichkeit und Unsterblichkeit gegenüber, die Sterblichkeit wird am Ende siegen – so viel steht fest. Eindeutig erscheinen zunächst auch die Kräfteverhältnisse zwischen den beiden verfeindeten Familien, zum Zeitpunkt der Erzählung ist Graf Berlifitzing ein kranker alter Mann, den nur die Fehde zwischen den Familien und seine Liebe zu Pferden am Leben hält. Ganz anders sein Kontrahent Friedrich, Baron Metzengerstein, er ist jung, dynamisch, kraftvoll und vor allem unermesslich reich. Nach dem frühen Tod seiner Eltern hatte er ein Erbe angetreten, das an Besitz und Vermögen kaum zu überschauen war; Prunkstück der feudalen Pracht: Schloss Metzengerstein. Das Verhängnis setzt mit einem Feuer im Stall von Berlifitzing ein, der alte Graf kommt bei der Rettung der Pferde um. Zur gleichen Zeit sitzt der junge Baron im Schloss und betrachtet einen alten Gobelin mit Schlachtszenen der beiden verfeindeten Familien. Plötzlich fällt sein Blick gänzlich unbewusst auf ein riesiges Pferd, das der Darstellung nach unzweifelhaft das Pferd eines Berlifitzing ist; das Tier beginnt sich zu bewegen, seine Augen, zuvor fest geschlossen, richten sich auf ihn und nehmen eine menschliche Form an, die Lippen geben die leichenbleichen Zähne frei. Der Baron schaudert vor Grauen zurück. Kurz darauf versuchen seine Stallmeister im Schlosshof ein zugelaufenes, feuerfarbenes Pferd zu bändigen – es ist das geheimnisvolle Schlachtross, das zuvor auf dem Gobelin zu sehen war und von dort jetzt verschwunden ist. Die Seelenwanderung, zunächst als Aberglaube abgetan, nimmt Gestalt an, der in den Flammen umgekommene Berlifitzing ist in diesem Pferd auferstanden, das Ross steht dem Reiter, dem jungen Baron gegenüber. Eine mystische Konstellation, doch Poe vermag daraus nicht viel mehr zu machen. Metzengerstein gibt sich nur noch mit dem zugelaufenen Pferd ab, das er zu zähmen versucht. Eines Nachts brennt das Schloss, der Baron befindet sich gerade mit seinem Pferd auf einem Ausritt. Als das Gebäude lichterloh in Flammen steht, kehrt das wilde Pferd im ungestümen Galopp mit seinem Reiter zurück und trägt ihn ins Feuer. Am Ende erscheint das Pferd in Gestalt einer Wolke über den Ruinen. Die Prophezeiung enthüllt ihren eigentlichen Kern: Metzengerstein obsiegt über die Unsterblichkeit, Berlifitzing aber geht mit diesem Triumph unter, der Name wird ausgelöscht.

Die Erzählung weist auf eine der bedeutendsten und bekanntesten Geschichten Poes voraus: *Der Fall des Hauses Ascher*.

Im Ablauf der Geschichte und im dramatischen Ende, mit dem Einsturz der Mauern und der Vernichtung der familiären Linie, zeigen sich auffällige Parallelen.[61] Auch das Motiv der Metempsychose nimmt Poe in anderen Erzählungen wieder auf, so in *Morella* und *Ligeia*. Mit *Metzengerstein* hat Poe den einen Zweig seines Werks, die Schreckensgeschichten, eröffnet; seine zweite Kurzgeschichte, die am 3. März 1832 erschienene Erzählung *The Duc De L'Omelette* (*Der Duc De L'Omelette*), gehört zu dem anderen Zweig, den satirischen und «grotesken» Geschichten. Während Poe als Autor von unheimlichen und phantastischen Erzählungen in hohem Ansehen steht, haben es die burlesken und komischen Erzählungen heute schwer. Um den Witz und Sarkasmus zu verstehen, ist ein heute kaum noch vorhandenes Hintergrundwissen nötig, sollen die Anspielungen nicht ins Leere laufen. Und *Der Duc De L'Omelette* ist mit Anspielungen nur so gespickt – satirisch aufs Korn genommen werden der oben bereits genannte Kritiker N. P. Willis und der Schriftsteller Benjamin Disraeli. Auch die neuenglischen Transzendentalisten und ihr Zentrum, die Stadt Boston, werden mit einigen Seitenhieben bedacht. Poe jongliert mit französischen Phrasen, die er geschickt verformt, und zitiert launig allerhand Bildungsgut. Die Geschichte selbst ist nicht weiter belangvoll, sie variiert das alte Thema vom Teufelspakt: De L'Omelette, ein Dandy und – der Name sagt es schon – Gourmet, landet nach seinem Tod in der Hölle. Der Teufel, ein ebenso großer Feinschmecker, will ihn braten, im letzten Moment schlägt De L'Omelette zur Rettung seiner Seele dem Teufel ein Kartenspiel vor. De L'Omelette gewinnt das Spiel, und der Teufel muss auf ihn verzichten.

Eine weitere satirische Erzählung erscheint am 9. Juli: *A Tale of Jerusalem* (*Eine Erzählung aus Jerusalem*). Von den ersten Kurzgeschichten, die Poe vorlegt, sicher die unbedeutendste. Von größerem Gewicht und ungleich amüsanter ist die am 10. November veröffentlichte Groteske *A Decided Loss* (später *Loss of Breath*). Die Erzählung setzt nach ein paar einleitenden Worten mit einer heftigen Schimpfkanonade ein: «*Du Elende! – du böse Sieben! – du Zankteufel!*» – *so sprach ich zu meinem Eheweibe am Morgen nach unserer Heirat*.[62] Die Beschimpfungen gehen weiter, es kommt zu

Handgreiflichkeiten, kurz darauf stellt der Mann zu seinem *äußersten Schrecken und Erstaunen* fest, dass er *seinen Atem verloren hatte*.[63] Was sich in der Hochzeitsnacht abspielte, darüber erfährt der Leser nichts. Der Held, Herr Luftmangel, versucht seinen verloren gegangenen Atem wieder zu finden, er durchwühlt das Schlafzimmer und stößt dabei auf einige delikate Details, unter anderem ein paar Liebesbriefe, die Herr Windgenug seiner Ehefrau geschrieben hat. Für ihn habe das weiter keine Bedeutung, behauptet Luftmangel, wenn er nur seinen Atem wieder finden würde. Da er befürchtet, seine Frau werde etwas von der Atemlosigkeit bemerken, entschließt er sich, außer Landes zu gehen. Das Unglück nimmt nun aber erst richtig seinen Lauf, er wird aus der Kutsche geworfen, dabei bricht er sich beide Arme, ein Schädelbruch kommt hinzu. Man hält ihn für tot, ein Chirurg entnimmt diverse Stücke seiner Eingeweide, schließlich wird der vermeintliche Leichnam in einer städtischen Gruft bestattet. Nachdem die Totengräber sich entfernt haben, sprengt Luftmangel den Sargdeckel, wandelt umher, bricht andere Deckel auf und zieht aus einem Sarg den ebenfalls lebendig begrabenen Windgenug hervor. Es stellt sich heraus, dass Windgenug im Besitz des Atems ist und ihn – nach einigem Hin und Her – gegen eine Quittung wieder aushändigt. Die Psychoanalyse hat sich dieser Geschichte angenommen[64], um in der Atemlosigkeit die Symptome der Impotenz zu entdecken, an der nicht nur, wie die Freud-Schülerin Marie Bonaparte glaubte, Luftmangel, sondern auch Poe laboriert hätten. Über Poes Sexualität ist immer wieder spekuliert worden, jene Geschichte aber erweist sich für jedwede Rückschlüsse auf die Veranlagung des Autors als besonders ungeeignet, denn Poe spielt hier bewusst mit Zweideutigkeiten. Als 1835 ein Nachdruck erscheint, ergänzt er den Untertitel: *A Tale à la Blackwood.* Damit weist er auf den Kontext hin, aus dem das Thema stammt. «Blackwood's Magazine» war eine viel gelesene englische Zeitschrift für Literatur, Philosophie und Politik. Hier erschienen unter anderem die übersetzten Erzählungen der deutschen Romantiker (E. T. A. Hoffmann, Adelbert von Chamisso, Fouqué), mit denen Poe auf diese Weise erstmals in Berührung kam. Vermutlich ist *Atemverlust* auch eine Parodie auf Chamissos «Peter Schlemihl» und auf Hoffmanns «Abenteuer in der Sylvesternacht», wo es um den Verlust des Schattens beziehungsweise des Spiegelbildes geht.

Die letzte der fünf Erzählungen, *The Bargain Lost* (*Bon-Bon*), wurde am 1. Dezember 1832 veröffentlicht. Hier heißt der Held Pedro Garcia und ist Besitzer eines Restaurants in Venedig, in der zweiten Fassung von 1835 wird der Held umbenannt in Pierre Bonbon, belesener Gastwirt aus Rouen. In der Gestalt von Garcia alias Bonbon macht sich Poe über den Bildungsdünkel lustig und führt die Auswüchse einer prätentiösen Gelehrsamkeit vor. Im Mittelpunkt der Geschichte steht wieder eine Konversation mit dem Teufel, der eines Nachts in einem merkwürdig grotesken Aufzug erscheint und mit dem Helden ein Gespräch über antike Philosophen führt. Der Teufel beurteilt die großen Geister nicht nach ihrem Denken, sondern nach Geschmack, denn sie alle sind zu seiner mehr oder weniger fetten Beute geworden: *Ich fand, daß Horaz doch ziemlich nach Aristoteles schmeckte: – und Sie wissen, ich liebe die Abwechslung. […] Virgil schmeckte recht penetrant nach Theokrit.*[65]

Poe hatte die ersten Geschichten untergebracht, aber seine Perspektiven sahen in den Jahren 1831/32 alles andere als rosig aus. In großen Geldnöten und unter der Drohung, demnächst im Schuldgefängnis einzusitzen, nahm er Ende 1831 noch einmal Kontakt mit Allan auf. Berichtete er ihm im Oktober noch sehr geschönt von den fatalen Umständen, in denen er lebte, kehrte er, nachdem eine Reaktion von Allan ausgeblieben war, seine ganze Verzweiflung nach außen: *Mein lieber Pa, ich bin im elendigsten Zustande und habe keinen andern Freund auf Erden, an den ich mich wenden könnte, außer Ihnen […]. Wenn Sie mir dies eine Mal noch $ 80 schicken wollten, bis nächsten Mittwoch, so wollte ich Ihre Freundlichkeit und Generosität niemals vergessen.*[66] Allan antwortet auch darauf nicht. Schließlich schreibt Maria Clemm einen Bittbrief; daraufhin gibt Allan einen kleinen Geldbetrag. Das Verhältnis bleibt zerrüttet. Poe machte sich gleichwohl über den wirklichen Zustand noch Illusionen, nur so ist es zu erklären, dass er im Sommer 1832 zu einem Besuch nach Richmond aufbrach. Allan war ernstlich an der Wassersucht erkrankt und Poe,

> Balt.
> Nov. 18. 1831.
>
> My Dear Pa,
>
> I am in the greatest distress and have no other friend on earth to apply to except yourself if you refuse to help me I know not what I shall do. I was arrested eleven days ago for a debt which I never expected to have to pay, and which was incurred as much on Hy's. account as on my own about two years ago.
>
> I would rather have done any thing on earth than apply to you again after your late kindness — but indeed I have no other resource, and I am in bad health and unable to undergo as much hardship as formerly or I never would have asked you to give me another cent.
>
> If you will only send me this one time $80, by Wednesday next, I will never forget your kindness & generosity. — if you refuse God only knows what I shall do, & all my hopes & prospects are ruined forever — Yours affectionately
>
> E A Poe
>
> I have made every exertion but in vain.

Poes Brief an den Pflegevater vom 18. November 1831 mit der Bitte um Überweisung von $ 80 der davon gehört hatte, wollte die Gelegenheit ergreifen, um vielleicht doch noch eine Versöhnung einzuleiten. Allem Anschein nach wurde Poe dabei ziemlich rüde von Allans zweiter Frau abgefertigt und aus dem Haus geworfen. Doch damit ist die Geschichte dieser unheilvollen Beziehung noch immer nicht beendet. Im April 1833 wendet sich Poe ein letztes Mal an Allan, wieder, wie es scheint, in der allerbedrohlichsten Lage: *ohne Freunde, ohne alle Mittel, folglich außer Stande, eine Beschäftigung zu erlangen, gehe ich zu Grunde.* Und der Brief schließt mit dem Satz: *Um Gottes Willen, erbarmen Sie sich und retten Sie mich vor dem Untergang!*[67] Allan dachte gar nicht daran, im Übrigen war er durch seine Krankheit kaum mehr in der Lage zu reagieren. Die rettende Hand kam schließlich in Gestalt einer Zeitungsanzeige: Die Herausgeber des «Baltimore Saturday Visitor» lobten am 15. Juni 1833 einen Preis von 50 Dollar für die beste Erzählung und 25 Dollar für das beste Gedicht aus. Poe, der in den letzten Monaten mit sehr geringem Erfolg seine Erzählungen zur Veröffentlichung angeboten hatte, reichte ein Gedicht (*The Coliseum*) und, unter dem Titel *Tales of the Folio Club*, sechs Erzählungen ein. Im Oktober traten die Preisrichter des «Visitor» zur Beratung zusammen. Einer der Juroren berichtete später von der Sitzung: Man habe sich schwer getan, denn die eingereichten Arbeiten, die man zunächst las, hätten niemandem so recht gefallen. Dann sei man bei der Durchsicht auf ein kleines Heft in Quartformat gestoßen. Als man es aufschlug, sei man überrascht gewesen, der Autor hatte die eingereichten Arbeiten in säuberlichen Blockbuchstaben geschrieben, äußerst präzis und fast wie gedruckt. Der Inhalt hielt, was die Aufmachung versprach. Man war hingerissen von diesen Erzählungen, besonders eine fiel den Preisrichtern ins Auge: *MS. Found in a Bottle* (*Manuskriptfund in einer Flasche*). Am 12. Oktober 1833 wird Edgar Allan Poe der Preis zugesprochen. Seine eingereichten Arbeiten würden sich durch eine «wilde, kraftvolle und poetische Imagination»[68] auszeichnen. Mit im Komitee sitzt John Pendleton Kennedy, der von nun zu einem wichtigen und beständigen Fürsprecher Poes wird.

Von irgendwoher muss Poe die Nachricht erhalten haben, dass Allans gesundheitlicher Zustand hoffnungslos sei. Möglicherweise hat sich Poe Mitte Februar des Jahres 1834 entschlossen, noch einmal nach Richmond zu fahren. Wenn dieser Besuch wirklich stattgefunden hat – ganz sicher ist das nicht –, so ist er gründlich gescheitert. Einige Jahrzehnte später berichtet Thomas H. Ellis von diesem Ereignis, bei dem er nicht selbst Zeuge war. Es habe eine furchtbare Szene gegeben, und Poe sei mit Gewalt aus dem Haus befördert worden. Als Allan am 27. März starb, konnte sich Poe jedenfalls keine Hoffnungen auf ein Erbe machen. John Allan hinterließ drei Kinder aus der Ehe mit seiner zweiten Frau – ein viertes Kind war noch unterwegs, dazu kamen drei uneheliche Kinder. In seinem Testament bedachte Allan alle seine Kinder – Poe allerdings ging leer aus.

> Ich war voller Ehrgeiz – hast, Vater, du schon
> die Leidenschaft jemals gefühlt? Nein! Bloß
> ein Häusler, erträumt' ich mir doch einen Thron –
> mit der halben Welt unter meiner Fron –
> und murrte über mein niedrig Los –
> Aus «Tamerlan»

AUF EIGENEN FÜSSEN

Von Vaterland & Familie habe ich wenig zu sagen. Ungerechte Behandlung, wie auch der Lauf der Zeit, haben mich aus dem einen vertrieben und der anderen entfremdet.[69] So beginnt die preisgekrönte Geschichte *MS. Found in a Bottle*. Im Mittelpunkt steht ein Erzähler, wie wir ihn von nun an in den meisten Geschichten Poes finden werden; losgelöst von allen sozialen Bindungen, verfügt er über ein Wissen von *nicht gewöhnlicher Art*, geübt in der Anwendung einer *unnachsichtigen Logik*, vertraut er nicht dem Augenschein. Doch trotz aller ihm eigenen Intelligenz und Verstandesschärfe wird er konstitutionell von *einer nervösen Unrast* geplagt, die ihn verfolgt wie ein *böser Feind*.[70] Es fällt nicht schwer, Poe in diesem Erzähler wieder zu erkennen: das Selbstgefühl des Ausgestoßenen, der nicht in dieses Land passt, der ohne familiären Halt aufwächst und sich schon früh als ein «anderer» erfährt. Baudelaire schrieb: «Poes Personen, oder vielmehr die immer wieder auftretende Person, der Mensch mit den aufs äußerste verfeinerten Fähigkeiten, der Mensch mit den erschlafften Nerven, der Mensch, dessen glühender und geduldiger Wille allen Schwierigkeiten trotzt, dessen Blick starr wie ein Schwert auf Gegenstände gerichtet ist, die unter diesem Blick immer größer werden, – das ist Poe selber.»[71]

Mit *MS. Found in a Bottle* lässt Poe diesen ans eigene Ich gebundenen Erzähler erstmals auftreten. Und er gibt ihm die Quintessenz seines bisherigen Lebens mit: Selbst wenn die Anzeichen gut sind, rechne immer mit dem Schlimmsten. Als der Erzähler seine Reise von Batavia (Djakarta) zu den Sunda-Inseln antritt, hätten die Vorzeichen nicht besser sein können: *[...] ein hübsches Schiff von rund 400 Tonnen, kupferverbolzt, und auf den Werften von Bombay aus malabarischem Teakholz erbaut.*[72] Die Fahrt beginnt bei schwachem Wind und wolkenlosem Himmel. Langsam und ohne besondere Vorfälle geht die Fahrt an der Küste Javas dahin. Nichts scheint auf eine Katastrophe hinzudeuten. Gleichwohl hat der Erzähler *ein Vorgefühl von schwerem Unheil*[73]. Prädestiniert durch seine nervöse Konstitution und ein hohes Maß an Empfindsamkeit, ahnt der Erzähler die Katastrophe voraus: Alle gehen unter, nur der Erzähler und ein alter Schwede überleben auf dem zum Wrack zerschlagenen Schiff. Ohne jede Steuerung treiben sie aus dem Bekannten ins Unbekannte. Fünf Tage lang registrieren die beiden Überlebenden noch die ihnen vertraute Erfahrungswirklichkeit, dann tauchen sie in die Finsternis ein: *Wir warteten vergebens auf den Anbruch des 6. Tages – mir ist dieser Tag noch nicht angebrochen – dem Schweden wird er nie anbrechen. Hinfort waren wir in Pech = Schwärze eingehüllt [...]. Ewige Nacht umgab uns pausenlos.*[74] Das Meer tobt, die schwarzen Wogen werden mächtiger, plötzlich kommt ein gigantisches Schiff auf sie zu. Poe schildert zwei Überlebensstrategien: Der Schwede kämpft entschlossen gegen den Untergang und hofft auf ein glimpfliches Ende; der Erzähler wiederum behält im Augenblick des größten Erschreckens seine Selbstbeherrschung, er ist ohne Glauben und ohne alle Hoffnung, das macht ihn furchtlos und stark. Überleben, sagt Poe, wird nur derjenige, der alle Hoffnung fahren lässt und im Moment der Bedrohung seinen Verstand einsetzt. Der zweite Teil der Geschichte spielt auf dem riesigen Schiff. Der Erzähler ist dem sicheren Tod entronnen, doch eine merkliche Veränderung ist in ihm vorgegangen: *Eine Empfindung, für die ich keinen Namen weiß, hat von meiner Seele Besitz ergriffen – ein Gefühl das keine Analyse zulassen will.*[75]

Das Schiff, auf das er sich hat retten können, ist ein Geisterschiff: *Unbegreifliche Männer! Versunken in Betrachtungen einer Art, die ich nicht erraten kann, gehen sie achtlos an mir vorüber. Versteckspielen wäre meinerseits der Gipfel der Narretei; denn die Leute wollen nicht sehen.*[76] Niemand bemerkt ihn, niemand sieht ihn. Die Menschen funktionieren wie Dinge, sie sehen einander nicht, bleiben völlig empfindungslos, sie reden nicht, sondern murmeln nur mechanisch vor sich hin: *Das Schiff & Alle in ihm, sind durchtränkt mit dem Geist des Alters. Die Mannschaften gleiten hin & her, wie die Gespenster zu Grabe getragener Jahrhunderte.*[77] Diese Menschen haben den eigenen Tod überlebt, sie tragen das Leben als Maske, gleichwohl steht ihnen noch die letzte Katastrophe bevor, ihre endgültige Vernichtung, der sie machtlos, phlegmatisch und zugleich mit hohem Tempo entgegenfahren. Unwiderstehlich wird das Schiff von einem Sog angezogen. Während es heulend und kreischend am weißen Eis entlangdonnert, schreibt der Held die letzten Zeilen seiner Flaschenpost: Es liegt auf der Hand, *daß wir vorwärts stürmen, irgendeiner erregendsten Erkenntnis zu – einem niemals bekanntzumachenden Geheimnis, dessen Erreichung gleichbedeutend ist mit Zerstörung*[78].

Der sich auftuende Sog wird zu einer der großen Metaphern im Werk Poes, er wird sie immer wieder fasziniert aufgreifen. Mit *MS. Found in a Bottle* hatte Poe seinen Ton und sein Thema gefunden. Ohne konkrete Aussicht auf eine Veröffentlichungsmöglichkeit schrieb er 1834 weitere Erzählungen, die dann erst ein Jahr später erschienen. Wie Poe sich in dieser Zeit durchschlug, wovon er lebte, darüber ist wenig bekannt. Bei seiner Tante in Baltimore konnte er weiter wohnen, er hatte ein Dach über dem Kopf, doch das war auch alles. Ende 1834 waren seine dürftigen finanziellen Mittel gänzlich erschöpft. Die einzige Person, an die er sich noch wenden konnte, blieb John Pendleton Kennedy. Um den 20. November herum richtet er einen Hilferuf an ihn und erklärt, in sehr geschönter Form, wie es zu seiner derzeitigen Notlage gekommen ist. Kennedy signalisiert Verständnis, schnelle Hilfe aber kann auch er nicht bieten. Am 15. März 1835 schreibt Poe erneut an Kennedy. Den Ernst der Lage erkennend, schickt Kennedy eine Einladung zum Essen. Poe lehnt dankend ab, weil seine

Kleidung in einem traurigen Zustand sei: *Wenn Sie Ihre Freundschaft so weit treiben können, mir 20 Dollar zu leihen, werde ich Sie morgen besuchen.*[79] Kennedy gibt Geld für neue Kleidung und gestattet ihm, sein täglicher Essensgast zu sein; außerdem setzt er sich dafür ein, dass Poe eine Stelle als Redakteur beim «Southern Literary Messenger» in Richmond bekommt. An den Herausgeber des «Messenger», Thomas Willis White, schreibt Kennedy im April: «Poe tat recht daran, sich auf mich zu berufen. […] Ich riet ihm, für jede Nummer Ihres Magazins einen Beitrag zu liefern und sich bei Ihnen um eine feste Anstellung zu bewerben. Er hat […] in Philadelphia einen Band sehr bizarrer Erzählungen eingereicht. Der junge Mann ist sehr phantasievoll und hat einen leichten Hang zum Makabren.»[80] Überflüssige Andeutungen für White – eine Erzählung von Poe war gerade im «Messenger» abgedruckt worden.

Dabei handelte es sich um *Berenice*. Phantasievoll, bizarr, makaber – alle diese Kennzeichnungen treffen auf *Berenice* zu. Es ist

Thomas Willis White (1788–1843), Herausgeber von «The Southern Literary Messenger», der Poe im Sommer 1835 als Redakteur einstellt. Zeitgenössisches Aquarell

die Geschichte einer Obsession. Der Held ist besessen von den Zähnen seiner Cousine, und als er die Nachricht von ihrem vermeintlichen Tod erhält, bricht er ihr das Gebiss heraus. Möglicherweise ließ sich Poe von einem Artikel anregen, der am 23. Februar 1833 im «Baltimore Saturday Visitor» erschien und von einer Grabschändung berichtete, bei der der Leiche eben die Zähne herausgebrochen wurden. Weitaus bedeutsamer für die Ausgestaltung der Erzählung ist das im Hintergrund erkennbare Thema des Vampirismus, das um diese Zeit in Literatur, Theater und Oper eine erste Hochkonjunktur erlebte. Poe macht aus den Anregungen eine höchst eigentümliche Geschichte: Der Held Egaeus entstammt einem alten Adelsgeschlecht, das sich schon immer zum Imaginären hingezogen fühlte. Geboren und aufgewachsen war Egaeus im Bibliothekszimmer, seine Jugend verlebte er mit Bücherlesen und in Träumereien. Als die Erzählung einsetzt, ist die Tat schon geschehen. Egaeus versucht sich zu erinnern, er beschreibt, wie das Imaginäre immer mehr Besitz von ihm ergriffen und es schließlich kein Außen mehr gegeben habe: *Die Realitäten dieser Welt berührten mich wie Halluzinationen, und nur wie Halluzinationen; während stattdessen die wilden Gebilde des Reiches der Träume ihrerseits zu – ja nicht bloß zur Basis meines Alltagsdaseins wurden – vielmehr, gewiß & wahrhaftig & einzig & ausschließlich, dies Dasein selbst.*[81] Egaeus charakterisiert seine Cousine als das absolute Gegenstück seiner selbst. Während sie anmutig, gesund, von übersprudelnder Energie und empfindsam dargestellt ist, beschreibt sich Egaeus als schwächlich, überreizt und an einer Monomanie leidend. Die Monomanie zeigt sich darin, dass völlig *belanglose Objekte* eine *unverhältnismäßige, ernstliche & ungesunde Fixierung der Aufmerksamkeit*[82] bei ihm hervorrufen. Zu solch verzerrender Optik gehört, dass er Berenice erst mit liebenden Augen betrachtet, als sie ihre Schönheit verliert und leidend wird. Der Verfall ihrer Persönlichkeit reizt seine Einbildungskraft, aber nicht der leidende Körper interessiert ihn, sondern ein Partialobjekt, die Zähne. In phrenetischem Verlangen verzehrt er sich nach dem Objekt seiner Begierde. Als man ihm eines Tages sagt, Berenice sei während eines epileptischen Anfalls gestorben, sucht er die vermeintlich Tote auf und bricht ihr die Zähne aus. Das

Ganze vollzieht sich als unbewusste Handlung. Erst als ihm ein Diener vom geschändeten Grab und der scheintoten Berenice erzählt, kommt bei Egaeus die Erinnerung an die abscheuliche Tat zurück.

Wie viele Helden Poes ist Egaeus ein Analytiker in eigener Sache, er stellt sich seiner Tat, die er in immer neuen Anläufen zu ergründen versucht. Egaeus kann sich nicht damit beruhigen, etwas Abscheuliches getan zu haben, vielleicht wahnsinnig zu sein, er sucht nach Motiven, um sein Handeln einzuordnen und verstehbar zu machen. Schon darin zeigt sich, dass er kein absolutes Monster ist; er ist sich der Abnormität als solcher bewusst. Ja, er will an sich selbst demonstrieren, wie die perversen Neigungen entstanden sind. Der abnorme Zustand äußert sich einerseits in *eisiger Kälte*; andererseits in einem *Gefühl unerträglicher Angst*.[83] Egaeus ist nicht nur, wie Eric W. Carlson[84] meint, ein herzloser Verstandesmensch, er wird von einer unerträglichen Angst gepeinigt. Kälte und Angst führen zur Aggression gegen das, was an Berenice noch schön und begehrenswert geblieben ist, die Zähne. Der Liebeswunsch von Egaeus ist ein Destruktionswunsch – darin besteht seine Abnormität.

Psychoanalytische Interpretationen heben vor allem auf die Symbolik ab. Im Freud'schen Denken sind Zähne beziehungsweise das Ziehen von Zähnen verknüpft mit Kastrations- und Impotenzängsten. So stehen für Marie Bonaparte die schneidigen, blendend weißen Zähne der Berenice für die «Vagina dentata», mithin also für die Kastrationsdrohung – was der Theorie nach eigentlich zur Unterwerfung des Knaben unter die patriarchale Autorität führen müsste. Bemerkenswerterweise lässt sich Egaeus aber von der Drohung nicht abschrecken, er zieht die Zähne. Marie Bonaparte deutet dies als eine (ödipale) Wunschphantasie; der Held kämpft die Drohung nieder und bemächtigt sich des geliebten (mütterlichen) Objekts. Doch das Ende der Geschichte weist auf alles andere als eine Verschmelzung, am Schluss steht das absolute Grauen: Die in einem Etui verborgenen 32 Zähne gleiten Egaeus aus der Hand, liegen verstreut auf dem Parkett und blicken ihn an, *guck, hierhin, & dorthin*[85].

Die zeitgenössischen Leser waren schockiert, allen voran

Thomas Willis White. In einem Brief an White vom 30. April verteidigt Poe nicht nur seine Erzählung, er stellt sie zugleich als besonders publikumswirksam dar. White musste in den nächsten Wochen einsehen, dass Poe so falsch nicht lag, der «Messenger» nahm einen merklichen Aufschwung. Im Mai erschien *Morella*. Wieder erzählt Poe eine merkwürdige Beziehung zwischen den Geschlechtern. Ein seelisch labiler Einzelgänger verbindet sich mit einer schönen, intellektuell überlegenen Frau, Morella. Der Held ist fasziniert von ihr, er wird ihr Liebhaber und Schüler. Morella führt ihn in ein mystisches Geheimwissen ein, das er auf magische Weise in sich aufnimmt, bis er sich schließlich gegen die Infiltrationen wehrt; er wünscht sich den Tod Morellas. Tatsächlich siecht Morella dahin. Doch bevor sie stirbt, schenkt sie einer Tochter das Leben, die der Mutter so sehr ähnelt, dass der Erzähler sie auf den Namen Morella taufen lässt. Als er den Namen gerade ausspricht, nimmt er mit Schrecken wahr, dass die Mutter in der Tochter gelebt hat.

Eine deftige Satire erscheint im Juni: *Hans Phaall – A Tale* (*Das unvergleichliche Abenteuer eines gewissen Hans Pfaall*). Poe fackelt hier ein Feuerwerk an Sprachwitz ab. Schauplatz der Geschichte ist Rotterdam, dort hat sich, *am soundsovielten Dingsbums (ich bin des Datums nicht sicher) eine riesige Menschenmenge*[86] versammelt. Der Zweck der Versammlung scheint zunächst nicht ganz klar zu sein, dann taucht hinter einer Wolkenmasse ein seltsames Gebilde, eine Art Ballon auf. Noch nie hatte man einen solchen Ballon gesehen, *zur Gänze aus schmutzigen Zeitungen verfertigt*[87] und im Aussehen eher *einer riesigen, umgestülpten Narrenkappe* ähnlich. Mit Herannahen des Ballons konnte man einen wunderlich gekleideten Gentleman erkennen, der unerwartet einen riesigen Brief zu Füßen des Bürgermeisters Mynheer Superbus von Wijcheknie niederfallen ließ. In dem Schreiben gab sich der Gentleman als Hans Pfaall zu erkennen, der bis vor fünf Jahren Bürger der Stadt gewesen war und dann vor seinen Gläubigern flüchten musste. Nun berichtet er von seiner Reise zum Mond, angereichert mit vielen pseudowissenschaftlichen Exkursen, gewürzt mit Angriffen auf Obrigkeit und Spießertum. Während die Menge noch atemlos nach dem Ballon schaut, bereitet Hans Pfaall seine Abreise vor: Da er Ballast abwerfen muss, um wieder aufsteigen zu können, trennt er sich von einem halben Dutzend Sandsäcken, *welche höchst unglücklicherweise, einer nach dem andern, auf den Rücken des Bürgermeisters niederplumpsten, so daß sich dieser im Angesichte von ganz Rotterdam nicht weniger denn ein halbes Dutzend Mal überschlug*[88]. Wie Hans Pfaall stieg auch Poe nach der Veröffentlichung dieser Geschichte empor: Im Juni teilte White ihm mit, er könne demnächst mit einer Anstellung als Redakteur rechnen, einen Monat später hatte Poe die feste Zusage.

Schreiben und Leben

«Er ist zu Höherem bestimmt ...»

Die Abhängigkeit Poes vom amerikanischen Zeitschriftenmarkt ist kaum zu überschätzen. Carla Gregorzewski schreibt: «Poe, dem die finanzielle Unabhängigkeit versagt blieb, war auf Gedeih und Verderb mit der amerikanischen Massenpresse liiert. Schwerlich hätte er überleben können, hätte er ihre Gesetze ignoriert.»[89] Die Produktion von Büchern war teuer und beschränkte sich zumeist auf den Nachdruck ausländischer Romane. Zeitschriften boten den amerikanischen Autoren bessere Absatzmöglichkeiten als der Buchmarkt. Poe hatte dies selbst an seinen drei Buchveröffentlichungen leidvoll erfahren. Erst als seine Arbeiten in Zeitschriften erschienen, änderte sich seine materielle Situation. Die Geschichten kamen beim Publikum an, und die Zeitschriften profitierten davon. Gleichwohl hätte er allein von den Erzählungen, die lange Zeit als sein eigentliches Werk angesehen wurden, nicht leben können. Ein wesentliches Standbein seiner Existenz bildeten von 1835 an seine journalistischen Arbeiten. Mit Kritiken und Essays verdiente Poe sein Brot, und rein quantitativ machen diese Arbeiten den größten Teil seines Werkes aus. So erstaunlich der Umfang ist, so bemerkenswert ist auch die Themenvielfalt. Poe machte vor keinem Thema halt, er schrieb über alles, was ihm nur lohnend erschien und im Gespräch war.

Bevor Poe als erster professioneller Kritiker die Bühne betrat, war die Literaturkritik ein Feld, auf dem Laien das Sagen hatten. Rezensionen wurden von Rechtsanwälten oder Geistlichen geschrieben, die sich auch schriftstellerisch betätigen wollten und – qua Amt und Würden – die Autorität besaßen, ein Urteil zu fällen. Von einer Kritik wurde auch nichts anderes erwartet, sie sollte weder ein Diskurs sein, der sachkundig das Werk in seiner Bedeutung aufschließt, noch war es üblich, dem Autor Fehler vorzuhalten. Die Literaturkritik begriff sich als moralische Instanz, die den Inhalt prüfte, ansonsten aber im Dienst der Verlage wirkte. Das Verlagswesen und die Literaturkritik hingen eng zusammen: Philadelphia, New York, Boston und New Haven waren nicht nur große Verlagszentren, sondern die Publikationsorte der wichtigsten literaturkritischen Zeitschriften («Knickerbocker Magazin», «New York Mirror», «Weekly Mirror»).

Der Süden stellte in puncto Literaturkritik ein unterentwickeltes Gebiet dar. Poe musste Pionierarbeit leisten. Als er im Sommer 1835 in die Redaktion des «Southern Literary Messenger» eintrat, stand das Magazin noch ganz am Anfang. White hatte das Blatt mit viel Elan und der Hilfe sachkundiger Freunde, zu denen die Schriftsteller Beverley Tucker und James Ewell Heath zählten, ein Jahr zuvor gegründet. Der «Messenger» dümpelte zunächst dahin, die Zeitung kam anfangs vierzehntägig heraus, nach kurzer Zeit erschien sie nur noch monatlich. Der Umfang betrug gut dreißig Seiten, der Inhalt blieb ziemlich hausbacken: lyrische Ergüsse, Reiseberichte, Essays und ein paar Buchempfehlungen. Die Beiträge waren kaum geeignet, dem Süden ein eigenständiges Profil zu geben. Das änderte sich mit den von 1835 an abgedruckten Erzählungen Poes, die sich in solchem Umfeld exotisch ausnahmen. In die nach außen hin positive Einstellung gegenüber Poe mischten sich intern von Anfang an auch Bedenken. So war White zwar hocherfreut über die Auflagensteigerung, mit skeptischem Blick betrachtete er jedoch die Richtung, in die sein Blatt unter dem Einfluss Poes driftete. Anstoß erregten sogar weniger Poes Erzählungen als die literaturkritischen Arbeiten. Poe machte sich für eine unabhängige und dabei durchaus aufmüpfige Literaturkritik stark, die sich so genau wie möglich auf das Werk einlassen sollte. Ausführlich wird Poe seine Auffassungen zur Literaturkritik erst in späteren Jahren darlegen, so 1842 in «Review of New Books»: *Exordium*. Hier fordert er eine Literaturkritik als *Wissenschaft*, die nach eigenen Regeln ein Werk analysiert: Der Kritiker hat sich nicht für das Thema zu interessieren, er soll lediglich untersuchen, wie der Autor mit dem von ihm gewählten Thema fertig geworden ist. Und dies soll am Text geschehen als der letzten Instanz, auf die sich alle Aussagen des Kritikers zu beziehen hätten. Das waren große und (auch heute noch) wichtige Worte, in Amerika waren sie zu dieser Zeit allerdings höchst umstritten. Nicht das Werk, sondern moralische Grundsätze pflegte man zu kritisieren; bestimmte Themen galten dabei von vornherein als nicht kunsttauglich – im Grunde also Poes eigene Literatur, in der die Nachtseiten des Lebens, Wahnsinn, Inzest und Gewaltexzesse das Thema bildeten.

Mit seiner Forderung nach einer Professionalisierung der Literaturkritik stand Poe nicht allein – in den dreißiger Jahren wurden in den Magazinen allenthalben ähnliche Stimmen laut. Anders verhielt es sich mit seiner auffällig rabiaten Rhetorik. Poe verhöhnte seine Kritikerkollegen, die unterschiedslos alles bewunderten und die nur noch eine Schwierigkeit hätten, nämlich für ihr Entzücken den adäquaten Ausdruck zu finden: *Jede Broschüre – ein Wunder! Jedes steifgebundne Buch – ein epochales Ereigniß der Litteratur!*[90] Statt den Dingen auf den Grund zu gehen, schwelge der Rezensent in der *Gefahrlosigkeit von Gemeinplätzen: Niemand auf der Welt ist so leicht zu erfreuen wie er: Nichts giebt's, das er nicht bewunderte – von Noah Webster's encyclopädischem Wörter-Buch bis zu «Klein Däumling» für ABC-Schützen.*[91] Der Kritiker Poe hatte zwei Gesichter, es gab den lustvollen Polemiker, der sich mit Feuereifer ins Gefecht stürzte und keine Gnade kannte, und es gab den behutsamen Analytiker.

Mit seinem Eintritt in die Redaktion des «Messenger» im Sommer 1835 begann also Poes wechselvolle Kritikerkarriere. Der Anfang wird symptomatisch für den weiteren Verlauf. Poe hätte eigentlich guter Dinge sein müssen, schließlich war er nun Redakteur. White hatte ihn allerdings nur auf Probe eingestellt, Poe sollte sich bewähren, er reagierte jedoch mit Passivität. Die Erwartungshaltungen und das feste Reglement der Berufsarbeit warfen Poe in eine tiefe Krise. Anfang September schreibt er einen verzweifelten Brief an Kennedy, er könne an nichts mehr Freude empfinden, alle seine Hoffnungen seien zum Scheitern verurteilt. Manche Biographen vermuten, Poe habe zu der damaligen Zeit nicht nur starke Alkoholprobleme gehabt, sondern auch Opium genommen; seine Depressionen würden also mit Entzugserscheinungen zusammenhängen. In seinen Erzählungen spielen Opium und Rauschzustände des Öfteren eine Rolle.

Poe mit siebenunddreißig Jahren, Aquarellminiatur
von John Alexander McDougall, um 1846; eins der zwölf
erhaltenen und zu Lebzeiten entstandenen Bildnisse Poes

Ob Poe selbst Drogen genommen hat oder – in bestimmten Lebensabschnitten – sogar abhängig war, ist nie ganz geklärt worden.[92] Zu welchen Mitteln er auch griff, die Flucht in die Sucht war für ihn zuweilen die einzige Möglichkeit, die Leere auszublenden und sich ein Leben vorzutäuschen. Das Trinken – schreibt Poe am Ende seines Lebens – sei nicht die Ursache, sondern die Folge eines tieferen Problems: *Doch bin ich von sehr empfindlicher Konstitution – nervös in schon sehr ungewöhnlichem Grade. Ich verlor den Kopf – nicht ohne mich zwischendurch immer wieder auf lange Strecken hin bei schauerlicher Vernünftigkeit zu befinden. Während dieser Anfälle absoluten Unbewußt-Seins habe ich getrunken – Gott allein weiß, wie oft beziehungsweise wie viel. Natürlich schrieben meine Feinde die geistige Zerrüttung dem Trinken zu – und nicht das Trinken meiner Zerrüttung.*[93] Die labile Konstitution und die starken Stimmungsschwankungen kommen in der Tat in vielen Briefen zum Ausdruck. Phasen der Niedergeschlagenheit, des Lebensüberdrusses, wechseln sich mit Phasen der Euphorie ab. Ein Auslöser für die depressive Stimmung im Jahr 1835 waren möglicherweise auch private Probleme.

> Ergeben unter dem Himmel ruht
> der schwermutsvollen Wasser Flut.
> Und so verschmolzen sind Schatten
>   und Bau,
> daß alles wie schwebend erscheint
>   im Grau
> der Luft, indessen aus Höhen, umloht,
> gigantisch niederblickt der Tod.
>
> Aus «The City in The Sea»

Schon seit langem war Poe in seine wesentlich jüngere Cousine Virginia verliebt, und er trug sich mit der Hoffnung, sie demnächst heiraten zu können. Wenn White ihm das Gehalt aufstockte, womit er fest rechnete, konnte er Mrs. Clemm und Virginia nach Richmond holen. Die Verwandtschaft war von der sich anbahnenden Beziehung allerdings nicht erfreut und versuchte die Heirat zu verhindern. Im August erhielt Poe einen Brief von seiner Tante aus Baltimore, ihr Neffe, Neilson Poe, habe ihr angeboten, Virginia aufzunehmen und für sie zu sorgen. Poe geriet außer sich und schrieb einen flehentlichen Brief: *Mein liebstes Tantchen, ich bin blind vor Tränen, indem ich diesen Brief schreibe – ich möchte keine Stunde mehr länger leben. Dein Brief traf mich in Kummer und tiefster Angst – und Du weißt wohl, wie wenig ich's im Stande bin, unter solchem Druck die Fassung zu bewahren. [...] Mein letzter, mein letzter, mein einziger Halt im Leben ist grausam von mir gerissen – ich habe kein Verlangen zu leben mehr und will's auch nicht. Doch laß mich meine Pflichten tun. Ich liebe, Du weißt es, ich liebe Virginia voll leidenschaftlicher Hingebung.*[94] Man hat den Eindruck, einen ganz und gar aufgelösten und tief getroffenen Menschen zu hören. Im Postskriptum richtet Poe das Wort direkt an

Virginia, die er ermahnt, doch an sein Glück zu denken: *[...] überleg es dir gut, bevor du deinem Vetter das Herz brichst.*[95]

Wie er in einem weiteren Postskriptum schreibt, habe er den Brief erneut geöffnet und fünf Dollar hineingelegt, dabei überfällt ihn noch einmal die schwärzeste aller Stimmungen, er schreibt von seiner Angst, Virginia zu verlieren, von seiner Zerstörung, doch nicht damit endet der Brief, sondern mit dem übergangslos angehängten Satz: *Ich wünschte, Ihr könntet mir den «Republican» besorgen, der eine Notiz über den «Messenger» brachte, und ihn mir umgehend per Post zusenden.*[96] Poe konnte sich in Gefühlslagen hineinsteigern und sie bis an den Rand des Unerträglichen dehnen. Nicht von ungefähr zieht der hohe Ton, das pathetische Raunen, das im *Raben* die tragende Stimmung bildet, unmittelbar die Satire, den Spottvers nach sich. In Poes eigenem Werk treten, wie erwähnt, diese beiden Linien deutlich hervor; die melancholischen, tiefschwarzen Angst- und Untergangsgeschichten stehen in unmittelbarer Nachbarschaft zu den satirischen Erzählungen, den Burlesken und Grotesken. Poe vereinte dieses Potenzial in jenem Werk und in seiner Person. Das heißt jedoch nicht, dass man seinen Gefühlen allen Ernst absprechen muss, eine gespielte Haltung mag übertrieben sein, aber sie ist deshalb nicht per se unwahr.

Mitte September geriet er in einen immer bedenklicheren Zustand, nur noch mit Mühe erschien er zur Arbeit. White schickte ihn eines Tages mit fristloser Kündigung nach Hause. Kurzfristig kam Poe die Arbeitslosigkeit gar nicht so ungelegen, denn nun konnte er nach Baltimore fahren und die Sache mit Virginia regeln. Schon einen Tag nach seiner Ankunft beantragte er auf der Behörde eine Heiratserlaubnis, denn schließlich war Virginia erst dreizehn Jahre alt und noch dazu seine Cousine. Alles ging glatt, und Poe konnte sich nun offiziell mit Virginia verloben. Doch um zu heiraten, brauchte er ein festes Einkommen. Gleich nach der Verlobung schrieb er einen nicht erhalten gebliebenen Brief an White, in dem er um Verzeihung bat. White zeigte sich gerührt: «Mein lieber Edgar, – ich wollte, es stünde in meiner Macht, mich Ihnen in einer Sprache mitzuteilen, deren ich mich gerade zu dieser Gelegenheit mächtig wünsche.»[97]

Angebliches Porträt von Virginia Eliza Poe, geb. Clemm.
Thomas Sully zugeschrieben

White war sich nicht ganz sicher, ob er Poe vertrauen konnte, aber schließlich stellte er ihn wieder ein.

Dieser zweite Versuch beim «Messenger» zeigt den anderen, den euphorischen Poe, der alles an sich reißt, in ungeheurem Tempo liest und schreibt, der angriffslustig nach vorne stürmt

Richmond, um 1834, als Poe beim «Messenger» gefürchtete Rezensionen schrieb. Handkolorierter Kupferstich von W. J. Bennett nach einem Gemälde von George Cooke

und voller Ideen steckt. Als Erstes holte er Mrs. Clemm und Virginia nach Richmond, dann überzeugt er White, das Layout und die Typographie des «Messenger» zu erneuern, um den Anspruch eines professionellen Magazins herauszustreichen, und schließlich nimmt er sich den Inhalt vor. Er will von der Zunft wahrgenommen werden. Noch schaut man auf das Provinzblatt und seinen skurrilen Redakteur herab, aber Poe wetzt schon die Messer. Im Dezember 1835 erscheint im «Messenger» eine große Rezension, die einer offenen Kampfansage an die Literaturkritik New Yorks gleichkommt. Poe schreibt über «Norman Leslie» von Theodore Sedgwick Fay, ein Buch, das vom «New York Mirror» in Vorankündigungen und mit Vorabdrucken bereits zur Sensation hochgepuscht worden war. In seiner furiosen Kritik demontiert Poe nicht nur das Buch, sondern gleich noch die dahinterstehende Kritiker-Zunft: *Führwahr! – da haben wir es! Es* *ist das Buch – das Buch par excellence – belobigt, bepriesen und be-Mirror-t; das Buch, «zugeschrieben» Mr. Blank und «dem Vernehmen nach aus der Feder» von Mr. ***; das «im Erscheinen begriffen» – «im Druck» – «in der Entwicklung» – «in Vorbereitung» – und «am Herauskommen» war: das Buch, voll «Anschaulichkeit» von vornherein, – «talentiert» a priori – und Gott weiß was in prospectu. Um alles Preisens, Preisenden und Preisenswerten willen – werfen wir doch einen Blick auf seinen Inhalt!*[98] Zunächst stellt Poe fest, dass Mr. Fay nicht nur ein vom «New York Mirror» hoch gelobter Schriftsteller, sondern obendrein Redakteur des Blattes sei. Dann schlägt er genüsslich die erste Seite auf und beginnt seine kommentierende Lektüre: *Im Vorwort unterrichtet uns Mr. Fay, daß sich die bedeutendsten Züge dieser Erzählung auf Tatsächliches gründen – daß er sich gewisser poetischer Freiheiten bedient – daß er Charaktere verändert habe, und insbesondere den Charakter einer jungen Dame (o pfui, Mr. Fay – o, Mr. Fay, pfui!) – daß er gewisse Eigenheiten mit boshafter Hand gezeichnet – und daß die Kunst des Romanschreibens so würdig sei wie die Kunst eines Canova, Mozart oder Raffael – was uns den Schluß nahelegt, Mr. Fay selbst sei so würdig wie Raffael, Mozart und Canova zusammen.*[99] Poe gibt den Inhalt wieder, um ihn ins Lächerliche zu ziehen, um Hohn und Spott über den Roman auszuschütten, nie, so sein Fazit, habe man *etwas Alberneres*[100] gelesen als diesen *Norman Leslie*. Weder der angegriffene Autor noch der «Mirror» reagierten auf die Kritik, aber das weitere Umfeld der New Yorker Magazine war aufgeschreckt und registrierte mit Erstaunen, wie ein junger, bislang unbekannter Rezensent hier zu Felde zog. White war mit solchen Kritiken nicht einverstanden, doch auf der anderen Seite hatte das Blatt nun endlich den gewünschten Erfolg, die Abonnentenzahl vervierfachte sich. Auch Poe bekam etwas vom wirtschaftlichen Erfolg zu spüren: White zahlte ihm ein Jahresgehalt von 520 Dollar und honorierte jeden Beitrag extra. Gegenüber Kennedy freut sich Poe, dass er im nächsten Jahr damit rechne, auf 1000 Dollar zu kommen: *Meine Freunde in Richmond haben mich mit offenen Armen empfangen, und mein Ansehen wächst stän-dig – vor allem im Süden.*[101] Poe hatte endlich Erfolg und versuchte, sich auf der Welle zu halten; gleich in der Januarausgabe erschien die nächste Polemik, diesmal war William Gilmore Simms und sein Roman «Der Partisan» im Fokus. Im Februar nahm sich Poe den Roman «Paul Ulric» von Morris Mattson vor – ein Schriftsteller, der in New York als große Entdeckung gefeiert wurde: *Wir nehmen an*, schreibt Poe, *daß es sich bei Mr. Mattson um einen sehr jungen Mann handelt. Aber sei dem, wie ihm wolle; als wir seinerzeit «Norman Leslie» das dümmlichste Buch auf der Welt nannten, hatten wir, es sei versichert, «Paul Ulric» noch nicht gesehen.*[102] Poe machte sich über die Lieblinge der New Yorker Literaturszene her und zerfetzte sie in der Luft. Rein quantitativ waren von den über neunzig Rezensionen, die 1836 im «Messenger» erschienen, die allermeisten in sehr gemäßigtem Ton verfasst, es gab immer wieder Lob, so im Februarheft für «Rienzie» von Edward Bulwer-Lytton. Doch das Störfeuer gegen Poe nahm langsam zu, der Herausgeber des «Knickerbocker», Willis Gaylord Clark, bezeichnete ihn als literarischen Scharlatan und griff die Tendenz seiner Rezensionen scharf an. Poe nahm die erstbeste Gelegenheit beim Schopf und setzte sich in der nächsten Besprechung, die eigentlich den Büchern von Joseph Rodman Drake und Fritz-Greene Halleck gewidmet war, mit der Kritik an seinem Rezensionsstil auseinander. Mr. Clark bleibe es unbenommen, ihn einen Scharlatan zu nennen, nur solle er doch bitteschön seine Vorwürfe konkret machen. Wie viele Kritiker Poe im Norden auch gegen sich aufgebracht hatte, im Süden fand er nun endlich seine Bewunderer. Der Schriftsteller und Jura-Professor Nathaniel Beverley Tucker war einer von ihnen. An White schrieb er: «Ich weiß, dass er [Poe] bitter arm ist. Wenn ich also Ihnen helfe, helfe ich zugleich auch ihm, die Hindernisse aus dem Weg zu räumen, die bisher seine Karriere verstellten.»[103] Bei aller Sympathie – so ganz geheuer war ihm die Art und Weise, in der sich der junge Autor gebärdete, nicht: «Durch Extravaganzen ist noch niemand zu dem Ruhm aufgestiegen, den er Aussicht hat, sich zu erwerben. Er ist zu Höherem bestimmt...»[104]

Als Kritiker fühlte sich Poe bereits auf dem Weg zu dieser höheren Bestimmung; kaum eine Neuerscheinung, die er nicht inspizierte. Er las und schrieb in hohem Tempo. Sein erzählerisches Werk hinkte dieser Entwicklung etwas hinterher. Mit

Shadow. A Fable (*Schatten*) und *King Pest the First. A Tale Containing an Allegory* (*König Pest*) hatte er im September 1835 zwei Erzählungen im «Messenger» veröffentlicht, in denen er möglicherweise eigene Erfahrungen mit einer Choleraepidemie in Baltimore verarbeitete. Zuweilen behalf Poe sich auch mit Arbeiten aus der Schublade, um eine Ausgabe des «Messenger» zu füllen. Im Dezember und Januar veröffentlichte er Szenen aus seinem Dramenfragment *Politian*. Anfang der dreißiger Jahre hatte er bereits an diesem Stück geschrieben, in der Zeit, als er sich als Theaterautor versuchte und doch schnell einsah, dass er dazu kein Talent hatte. Ein gewichtigeres Stück legte Poe nun im April 1836 mit *Maelzel's Chess-Player* (*Maelzels Schach-Spieler*) vor. In dem Essay geht es um den von Baron Wolfgang von Kempelen 1768 erfundenen Schachautomaten in Gestalt eines am Tisch sitzenden

Maelzels Schach-Spieler. Johann Nepomuk Maelzel stellte in den dreißiger Jahren seinen Schachautomaten in Amerika vor. Die Konstruktion stammt von Baron Wolfgang von Kempelen.

Türken. Johann Nepomuk Maelzel hatte den Schachspieler aus dem Nachlass von Kempelens erworben. Zuerst stellte Maelzel den Automaten auf Jahrmärkten aus, ab Mitte der dreißiger Jahre zog er damit durch Amerika und erregte große Aufmerksamkeit. Poe geht in seinem Essay induktiv vor, er will das Geheimnis des automatischen Schachspielers lüften und sortiert zunächst die bekannten Fakten, dann trägt er behutsam Indizien zusammen, um am Schluss einer langen Beweiskette zu präsentieren, was der Leser ahnte und mit diesem Essay auf unterhaltsame Weise zelebriert bekam, dass in dem Schach-Türken ein Mensch sitzen muss. Aufbau und Stil weisen auf Poes Detektivgeschichten voraus – wie später sein Meisterdetektiv Dupin zeigt er hier, dass sich ein Geheimnis nur enträtseln lässt, wenn man die Details mit analytischem Verstand auseinander legt und sie mit Hilfe der Imagination in neuer Ordnung wieder zusammensetzt.

Der Aufstieg als Mitherausgeber und Chefkritiker des «Messenger» vollzog sich innerhalb weniger Wochen und Monate. Poe hielt sich in dieser Zeit schon für gesichert. Das Echo auf seine Verrisse blieb jedoch höchst unterschiedlich, einige fanden Poes Auftritt als Enfant terrible interessant und bemerkenswert, die Mehrzahl fühlte sich abgestoßen und wollte mit diesem Kritiker lieber nichts zu tun haben. Als Poe Anfang 1836 versuchte, einen Sammelband seiner Kurzgeschichten (*Tales of the Folio Club*) in einem Verlag unterzubringen, handelte er sich nur Ablehnungen ein. Er nahm es gelassen, denn er sah sich immer noch im Aufwind, auch privat verlief alles in harmonischen Bahnen. Am 16. Mai 1836 führte er Virginia in Richmond zum Standesamt. Diese Kindfrau war für Poe ein ins Leben gesetztes Phantasma, eine Schönheit, die sich eben erst zu entfalten begann, dunkle Haare, dunkle Augen, eine Gestalt voller Liebreiz, sanft und grazil. Gleich nach der Hochzeitsfeier fuhr das Paar in die Flitterwochen. Sehr viel Geld hatte man allerdings nicht zur Verfügung. Und bereits in der Juniausgabe des «Messenger» zeigte sich Poe wieder ganz in seinem Element. Seine Besprechung von William Leete Stones Roman «Ups and Downs in the Life of a Distressed Gentleman» beginnt mit dem Satz: *Dieses Buch ist eine öffentliche Zumutung.*[105] Poe referiert pflichtschuldig den Inhalt und kommt zu dem Schluss: *Die Bezeichnung «platt» ist der einzig umfassende Ausdruck, der darauf paßt.*[106] Als ihm wenig später der Herausgeber des «Courier and Daily Compiler» in Richmond, «schneidende und vernichtende Kritik» vorwarf, wehrt sich Poe in einem Brief und rechnet dem Kollegen vor: 94 Bücher habe er seit Dezember besprochen, in 79 Fällen habe die Empfehlung überwogen, in sieben Fällen sei das Urteil überwiegend positiv ausgefallen, in fünf Fällen habe der Tadel im Vordergrund gestanden und nur drei Bücher habe er verrissen.[107] Die Rechnung war etwas geschönt, aber in der Tendenz lag Poe richtig. Wahrgenommen wurde er jedoch nur, wenn er bellte und die Zähne fletschte, das wusste keiner so gut wie er selbst. Und so spielte er mit, übernahm bereitwillig die Rolle des angriffslustigen Kritikers, der sich eine Zeit lang austoben darf, bis man seiner überdrüssig wird und ihn dorthin zurückweist, wo er hergekommen ist. White hatte Poe nie wirklich gemocht, weder seine Person noch seine Erzählungen und schon gar nicht seine Kritiken. Bürgerlich-konservativ eingestellt, war ihm der Nestbeschmutzer ein Dorn im Auge. Unter Poes Leitung prosperierte die Zeitschrift, und dennoch hielt er den Zeitpunkt für gekommen, sich von seinem Mitarbeiter zu trennen. Poe machte es ihm leicht, er schrieb nicht nur anstößige Kritiken, hin und wieder trank er auch trotz strenger Gelübde ein Glas – eine das Genick brechende Mischung. Ende 1836 setzte White ihn auf die Straße. Der Leserschaft des «Messenger» wird in der Januarausgabe mitgeteilt: «Da Mr. Poes Aufmerksamkeit in eine andere Richtung gelenkt wird, gibt er seine Stellung als Herausgeber des ‹Messenger› mit der vorliegenden Nummer auf.»[108]

«Und nun rauschten wir in die Umarmungen des Kataraktes ...»

Mein Name ist Arthur Gordon Pym. Mein Vater war ein angesehener Handelsmann & Lieferant für Schiffsausrüstungen in Nantucket, wo ich auch geboren bin.[109] So beginnt Poes längstes Prosawerk *The Narrative of Arthur Gordon Pym of Nantucket*, von dem die beiden Anfangskapitel im Januar und Februar 1837 im «Messenger» erschienen. Der Held des Romans stammt aus guten Verhältnissen, ist geborgen und behütet aufgewachsen, aber es verlockt ihn das Abenteuer, er verspürt *das größte Verlangen, selbst zur See zu gehen*[110]. Pym läuft eines Tages von zu Hause weg und versteckt sich auf dem Walfangschiff «Grampus», das dem Vater seines Freundes Augustus gehört. Die erste Zeit verbringt Pym in völliger Dunkelheit im Bauch des Schiffes, zuweilen dringen mysteriöse Geräusche an sein Ohr, die er nicht eindeutig identifizieren kann. An Deck – das erfährt er später – ist eine Meuterei ausgebrochen, der Vater seines Freundes wird dabei getötet. Augustus, der Pym aus seinem Versteck herausholen will, kann ihn nicht befreien. Pym bleibt im Laderaum eingeschlossen wie in einer Gruft, er erlebt die Situation eines lebendig Begrabenen. Ohne Essen und Trinken dem sicheren Tod entgegensehend, gerät er zunehmend in Panik. Albträume quälen ihn, Halluzinationen stellen sich ein. Schließlich erhält er doch eine Botschaft von Augustus, nur mit großer Mühe gelingt ihm die Entzifferung. Nun weiß er, was sich oben auf Deck abgespielt hat. Wenig später kann er sich mit Hilfe seines Freundes befreien. Auf dem Schiff geraten die Meuterer in Streit, ein neuer Kampf um die Macht beginnt. Bei der grausamen Metzelei stellt sich das indianische Halbblut Dirk Peters auf die Seite von Pym, zusammen mit Augustus können sie die Meuterer überwältigen. Von den Meuterern bleibt nur einer am Leben, Parker. Diese vier treiben mit dem Schiff, das infolge eines Sturmes manövrierunfähig geworden ist, in hohem Tempo auf das offene Meer hinaus. Von Hunger und Durst halb wahnsinnig beschließen sie, einen unter ihnen zu töten, damit die anderen überleben können – das Los fällt auf Parker. Während der weiterhin ziellosen Fahrt stirbt Augustus an einer Verletzung, Pym und Peters harren auf dem Wrack aus und werden schließlich von der «Jane Guy» geborgen, einem Schiff auf Entdeckungsreise in antarktische Zonen. Die Fahrt verläuft zuerst ruhig und ereignislos, dann gerät die «Jane Guy» in ein Unwetter, das man glimpflich übersteht. Der Kapitän entschließt sich, trotz aller Warnzeichen, nach Süden vorzustoßen. Die Fahrt geht durch das arktische Eis, schließlich landet man auf einer Insel, Tsalal, deren Bewohner pechschwarz sind, einen stämmig muskulösen Körperbau haben und sich durch merkwürdige Laute verständigen. Von den Eingeborenen wird die Besatzung scheinbar freundlich aufgenommen, kurze Zeit später aber in eine Falle gelockt und heimtückisch ermordet, nur Pym und Peters entkommen dem Gemetzel. Beide werden verschüttet, und wieder wird das Angsttrauma des Lebendig-begraben-Seins ausgemalt. Doch erneut gelingt aus schier auswegloser Situation die Befreiung: Pym und Peters entkommen in einem Kanu, wieder sind sie völlig schutzlos und treiben auf das offene Meer. Die Temperatur des Wassers nimmt allmählich zu, die Tönung wird milchig. Hitze und Dunst machen den Überlebenden zu schaffen, sie geraten in einen ascheähnlichen feinen weißen Puder, werden von einer großen Nebelwand umschlossen und treiben schließlich auf einen Katarakt zu, über dem sie eine verhüllte menschliche Gestalt wahrnehmen: *[...] sehr viel größer an Glied=Maßen, als sonst ein unter Menschen je Hausendes. Und die Tönung der Haut der Gestalt war von der völligen Weißnis des Schnees.*[111] An dieser Stelle bricht der Bericht ab.

Ins Auge springen die Strukturen der Wiederholung: der Kampf der Meuterer um die Macht auf der «Grampus», der Kampf zwischen den Meuterern, die Niederschlagung. Dieses Muster wird im zweiten Teil erneut aufgenommen, diesmal sind es nicht Meuterer, sondern heimtückische Wilde, die über die Besatzung der «Jane Guy» herfallen. Auch die traumatische Situation des Lebendig-begraben-Seins wiederholt sich. Die Protagonisten scheinen in einer Mechanik befangen, aus der sie sich immer wieder zu befreien suchen und in die sie immer wieder hineingeraten. Ausgangspunkt der Geschichte ist die Verlockung durch das Unbekannte, die Abkehr von der bürgerlichen Zivilisation. Der jugendliche Held, der in geordneten Verhältnissen lebt und die besten Zukunftsaussichten hat, hält es in der Gesellschaft nicht aus, die Sehnsucht nach einer anderen Welt, nach Gefahr und Abenteuer treiben ihn um. Insoweit handelt es sich um eine «Initiationsgeschichte»[112]. Die amerikanische Literatur ist voll von solchen Geschichten[113], die zum amerikanischen Traum gehören und in immer neuen Varianten erzählt worden sind, von Cooper über Melville bis hin zu Mark Twain, der mit den Abenteuern von Tom Sawyer (1876) und Huck Finn (1884) zweifellos den größten Bekanntheitsgrad erreicht hat. Das Muster ist immer dasselbe, am Anfang steht der «bad boy», gesund, aufgeweckt und frech, der sich gegen die Erwachsenenwelt und die ihm vorbestimmte Rolle auflehnt, schließlich ausbricht, gefahrvolle Abenteuer zu bestehen hat und am Ende zum nützlichen Glied der Gesellschaft, zum wohlerzogenen Bürger wird. Poe liefert jedoch eine neue Variante dieses Themas, die Initiation des Helden geschieht nicht in der Auseinandersetzung mit gesellschaftlicher Realität, sondern mit Naturgewalten und Schrecknissen[114], die den Protagonisten suggestiv anziehen, ihn herausfordern. Pym erliegt dieser Herausforderung, er will alles abwerfen und ein anderer werden, aber er ist von Anfang an weniger Subjekt als Objekt der Situation, sein Ausbruch aus den engen familiären Verhältnissen führt nicht in die Freiheit, sondern in einen Grauen erregenden Albtraum. W. H. Auden hat die Ausgesetztheit und Inaktivität des Helden in den Poe'schen Abenteuergeschichten als «so völlig passiv» bezeichnet, «wie das Ich in einem Traum, nichts geschieht als Folge seiner persönlichen Entscheidung, alles geschieht ihm. Was er empfindet – Interesse, Aufregung, Schrecken –, wird von Ereignissen verursacht, auf die er nicht den geringsten Einfluß hat.»[115] Pym ist, laut Ulrike Brunotte, ein Nachfolger Odysseus', der die Verlockungen und Gefahren nur gefesselt überleben kann; um sich bewahren zu können, muss er sich überwinden, unkenntlich werden.[116] Der Erfolg dieser Selbstüberwindung erscheint bei Poe allerdings höchst zweifelhaft, er führt seine Helden nicht durch Irrfahrten zurück in die Heimat, sondern konfrontiert sie mit dem Nichts oder dem Untergang.

Arthur Gordon Pym ist eine Entdeckungsgeschichte, die den amerikanischen Traum von Expansion und Eroberung aufgreift. Die Wildnis als Ort der Prüfungen, durch die sich die Zivilisation erneuert, steht im amerikanischen Bewusstsein für eine kollektive Faszination. Der amerikanische Traum richtet sich gen Westen, Poe schickt seinen Helden in die noch unwirtlicheren und damals noch weitgehend unerforschten Regionen der Antarktis. Für die Erforschung der Südsee setzte sich im Amerika von 1830 Jeremiah N. Reynolds ein. Poe lernte ihn als Redakteur des «Southern Literary Messenger» kennen und war fasziniert von seinen Plänen. 1836 und 1837 rezensierte er Publikationen, die Reynolds dem Ausschuss für Seefahrtsangelegenheiten vorlegte. An diesen beiden Veröffentlichungen orientierte sich Poe dann auch beim Schreiben des eigenen Werks. Selbst die Form des Tatsachenberichts, die Poe geschickt durch Vor- und Nachworte zu beglaubigen versucht, die pseudowissenschaftlichen Erläuterungen und Exkurse im Text – all das stützt sich auf Reiseberichte und die Antarktis-Literatur der Zeit.[117] Poe setzte sich nachdrücklich für die Idee ein, Pazifik und Südsee zu erforschen und den amerikanischen Interessen nutzbar zu machen. Von dieser Begeisterung, mit der sich Poe in den Dienst der nationalen Sache stellt, bleibt im *Arthur Gordon Pym* kaum mehr etwas übrig. Allein die Sehnsucht nach dem Unbekannten wird mit positiven Energien besetzt, mit dem Beginn der eigentlichen Handlung werden dann alle zivilisatorischen Ordnungselemente und Errungenschaften in Frage gestellt und zerstört, die Schrecken nehmen zu, die Bedrohung schwillt an, und am Ende wartet die gänzliche Auflösung. Dieses Schlussbild hat eine Vielzahl von Deutungen erfahren[118], für einige Interpreten wurde es zum Sinnbild einer Reise zum Ursprung[119], andere deuteten die große weiße Gestalt als ein Bild der Verheißung, als eine Christusdarstellung[120]. Neuere Interpretationen sehen in der Fahrt zum Südpol eine Metapher für die Reise an die «Grenze des Bewusstseins»[121].

> Jules Verne hat mit «Le sphinx des glaces» (1895) eine Fortsetzung von «The Narrative of Arthur Gordon Pym» geschrieben. In Vernes Roman begibt sich der Bruder des Kapitäns der «Jane Guy» auf die Suche nach möglichen Überlebenden. Poes längstes Werk berührt sich auch mit Herman Melvilles «Moby Dick» (1851), vor allem in den mythischen Dimensionen und der dunklen Symbolik zeigen sich auffällige Parallelen.

Mit *The Narrative of Arthur Gordon Pym* hatte Poe gehofft, einen Publikumserfolg zu landen, doch seine Kritikerkollegen gingen – möglicherweise aus Rache – sehr ungnädig mit dem Werk um, und der Zuspruch bei der Leserschaft blieb weit hinter den Erwartungen zurück. *Arthur Gordon Pym* erschien jedoch auch zu einer denkbar ungünstigen Zeit: Kurz nachdem die beiden ersten Kapitel im «Messenger» veröffentlicht worden waren, setzte im April 1837 eine Wirtschaftskrise ein; Vermögen wurden entwertet, Firmen in den Ruin gerissen und weite Bevölkerungsschichten in die Armut getrieben. Als ein gutes Jahr später, im Juli 1838, die Buchausgabe erschien, steckte die Wirtschaft noch immer in einer tiefen Rezession. Poe hatte die Krise nicht voraussahen können, war nach der Kündigung beim «Messenger» gelassen geblieben. Ende Februar 1837 war er mit Virginia und Mrs. Clemm nach New York gezogen. In Manhattan hatte er Zimmer in einer kleinen Pension gemietet und hier den *Umständlichen Bericht des Arthur Gordon Pym* zu Ende geschrieben, bevor er sich – zunächst noch voller Optimismus – auf Arbeitssuche begab. Um sich von seiner besten Seite zu zeigen, produzierte er kleine, unverdächtige Texte, darunter die satirische Erzählung *Von Jung, the Mystific* und *Siope – A Fable*. Die Stücke erschienen im Sommer und Herbst 1837. Zur weiteren Existenzsicherung kam Maria Clemm in dieser Zeit auf die glorreiche Idee, mit etwas geliehenem Geld ein kleines Holzhaus in der Carmine Street anzumieten und daraus eine Pension zu machen. Das Unternehmen florierte derart, dass der Lebensunterhalt für die nächsten Monate gesichert war. Im Sommer 1838 lief die Pension dann nur noch mäßig, und Poe hatte immer noch keine Stelle gefunden. Von einem in Philadelphia ansässigen Kollegen, James Pedder, erhielt er zu dieser Zeit den Rat, die Metropole New York zu verlassen und es mit der Quäkerstadt zu versuchen. Da ihm Pedder obendrein übergangsweise eine Unterkunft in seinem Haus anbot, gab es für Poe kein langes Zögern.

ZWISCHEN LEBEN UND TOD

Poes Lebensumstände in New York waren desolat gewesen: permanente Geldsorgen, keine Arbeitsstelle, kaum Veröffentlichungsmöglichkeiten, Depressionen, Alkoholprobleme. Ein Teufelskreis, der sich in Philadelphia zunächst fortsetzte. Poe muss das Gefühl gehabt haben, nicht mehr ganz in der Wirklichkeit zu leben, sondern in einem Grenzbereich, in dem die Realität nur fern und rätselhaft erscheint. So wenig verlässliche Informationen es über Poes Situation in dieser Zeit gibt, seine Erzählungen bestätigen diesen Eindruck. Die Icherzähler werden im Grenzbereich zwischen Diesseits und Jenseits, Wirklichkeit und Traum, Leben und Tod angesiedelt. In den meisten Kurzgeschichten steht ein vereinzeltes Individuum im Mittelpunkt, das am Rande der Gesellschaft lebt und nach traumatischen Erfahrungen halb bewusstlos und zum Teil im Rausch versucht, seine Gedanken zu ordnen und über etwas zu berichten, das unglaublich und geradezu phantastisch klingt. Zu diesen Geschichten gehört *Ligeia*. Poe selbst hielt sie für seine beste Erzählung. Nach dem Tod seiner zweiten Frau, Lady Rowena Trevanion von Tremaine, erinnert sich der Icherzähler an seine vor Jahren gestorbene erste

Das Hotel Falstaff, Treffpunkt der Boheme in Philadelphia, wo auch Poe verkehrte und den Maler Thomas Sully kennen lernte. Zeichnung

Frau Ligeia, mit der er *in irgendeiner großen, alten, verfallenen Stadt nahe am Rhein*[122] gewohnt hatte. Ligeia war eine außergewöhnlich gebildete Frau und eine einzigartige Schönheit gewesen; der Erzähler, ein gelehrter, in Studien vergrabener Mann, erwähnt ihr langes, rabenschwarzes Haar, vor allem aber den melodiösen Klang ihrer Stimme, der ihn ganz verzückt habe. Die Erinnerung an Ligeia hat sich völlig abgelöst von jedem sozialen Kontext. So kann sich der Erzähler nicht darauf besinnen, wie, wann oder wo er Ligeia kennen gelernt hat. Alle äußeren mit ihr verbundenen Fakten sind in seinem Gedächtnis verschwunden. Nur die physische Gestalt Ligeias ist ihm noch präsent, durch Anrufung ihres Namens erzeugt er auf quasi magische Weise ihr Bild. Es ist ein merkwürdiges Bild, denn einerseits kann er sich an viele Details ihres Körpers und ihrer Erscheinung erinnern und gar nicht genug davon bekommen, ihre Vollkommenheit herauszustellen; andererseits wird Ligeia immer wieder auch als entrückt und körperlos beschrieben: *Sie kam und sie schwand wie ein Schatten. Nie bin ich ihres Eintretens in mein abgesondertes Studio gewahr geworden, ehe die teure Musik ihrer süßgedämpften Stimme anhub, und sie mir ihre Marmorhand auf die Schulter legte. In Schönheit des Angesichts glich ihr nie eine Maid. Es war das Gestrahle eines Opiumtraums*[123]. Elisabeth Bronfen nennt Ligeia «eine unheimliche Vermischung von Realität und Bild». Indem der Erzähler «analytisch ihren Körper untersucht, sie in der Phantasie Stück um Stück zergliedert, hofft er Zugang zu finden zur Antwort, die ihre Fremdheit ihm als Frage stellt.»[124] Nur in der Imagination kann er sie halbwegs fixieren, als lebende Gestalt bleibt Ligeia ein Rätsel. Eines Tages erkrankt Ligeia, sie ringt mit dem Tod, in ihrer Sterbestunde gibt sie dem Gatten ein Gedicht über die mythische Macht des *Eroberer Wurm* (*The Conquerer Worm*). An dieses Gedicht – Poe fügt es erst 1843 in die Erzählung ein – schließen sich die letzten Worte Ligeias an, die bereits im Motto erscheinen und angeblich von dem englischen Geistlichen und Philosophen Joseph Glanvill stammen sollen: *Der Mensch stehet den Engeln nach, ja letztlich dem Tode selbst, nur kraft der Schwäche seines so matten Willens.*[125] Nach Ligeias Tod zieht der Gatte in eine wilde und wenig besuchte Gegend Englands. Um seinen Schmerz zu überwinden, flüchtet er in den Opiumrausch. In einem Zustand geistiger Abwesenheit heiratet er Lady Rowena, die in ihrer physischen Gestalt einen Gegensatz zu Ligeia bildet. Die Unvollkommenheiten seiner zweiten Frau rufen ihm das vollkommene Wesen Ligeias in Erinnerung, über den Körper Lady Rowenas gewinnt Ligeia jene Größe und Schönheit, die ihr Gatte im Leben nicht an ihr zu sehen vermochte. Immer stärker wird in seiner Phantasie die tote Ligeia, gleichzeitig verfällt Lady Rowena, sie erkrankt. Ihrem Gatten berichtet sie, dass sie seltsame Geräusche und Bewegungen im Zimmer wahrnimmt. Zunächst glaubt er an einen Fiebertraum, dann sieht er selbst einen Schatten im Zimmer, wenig später tropft eine rubinrote Flüssigkeit in Lady Rowenas Weinglas. Ihr Gatte schweigt, sieht zu, wie Rowena den Wein trinkt. Drei Tage später stirbt sie. Bei der Totenwache stürmen die Erinnerungen an Ligeia auf ihn ein, dabei starrt er auf den Körper, der sich plötzlich zu röten beginnt. Rowena scheint zu leben, wenig später sinkt sie in die Totenstarre zurück. Der Vorgang wiederholt sich mehrmals und immer heftiger, am Morgen steht der Leichnam schließlich auf, wandelt durchs Zimmer und schält sich langsam aus den Leinentüchern – zum Vorschein kommt Ligeia. Durch den toten Körper der zweiten Frau gelingt die Wiederbelebung der ersten Leiche. Die Unheimlichkeit, so Elisabeth Bronfen, liegt darin, dass Rowena «der lebende Körper Ligeias ist und zugleich nicht ist»[126].

Im September 1838 erschien *Ligeia* in dem von Nathan C. Brooks und Joseph Evans Snodgrass in Baltimore neu gegründeten Literaturmagazin «American Museum of Literature and the Arts». Sehr viel Honorar bekam Poe für seine Erzählung nicht – 10 Dollar sollen es gewesen sein. Da sich keine Alternative anbot, wurden auch seine nächsten Stücke im «American Museum» abgedruckt. Nach der verstörenden Erzählung *Ligeia* legte Poe im November zwei satirische Geschichten vor: *Psyche Zenobia* und *The Scythe of Time*. In *Psyche Zenobia* empfängt Mr. Blackwood die neugierige Korrespondentin Signora Psyche Zenobia und weiht sie in die Kunst des kreativen Schreibens ein. Zu empfehlen sei der metaphysische Ton: *Wenn Sie irgend nur hochtrabende Worte wissen – hier bietet sich Ihnen die beste Gelegenheit. Sprechen Sie von den Ionischen und Eleatischen Schulen – von Archytas, Gorgias und Alcmacon. Reden Sie von Objektivität und Subjektivität.*[127] Als Autor könne man sehr gelehrt oder auch sehr weitschweifig schreiben, alles sei erlaubt, nur dürfe man die Dinge nicht beim Namen nennen: *Deuten Sie alles nur an – sprechen Sie nichts eigentlich aus.*[128] Poe macht sich über den akademischen Dünkel und den prätentiösen Stil lustig, nimmt sich dabei auch selbst auf den Arm und rempelt kräftig die neuenglischen Transzendentalisten und ihre Zeitschrift «The Dial» an. Die ebenfalls im November veröffentlichte Erzählung *The Scythe of Time* war als Fortsetzung von *Psyche Zenobia* gedacht: Signora Psyche Zenobia macht mit ihrem Pudel und ihrem Diener einen Spaziergang, plötzlich fühlt sie sich von einem gewaltigen Glockenturm angezogen; sie will die Aussicht genießen und läuft die Treppen hinauf. Schließlich sieht sie eine Öffnung, sie schiebt ihren Kopf nach draußen und merkt augenblicklich, dass sie aus einem Spalt des Zifferblatts schaut. Bevor Psyche Zenobia noch reagieren kann, wird ihr Kopf durch den Minutenzeiger eingeklemmt. Der Zeiger wird zur schrecklichen *Sense der Zeit*, die nach genau einer Minute auf den Kopf niedersaust. *Ich spürte durchaus kein Bedauern, den Kopf, welcher mir zuletzt solche Verlegenheiten bereitet, endgültig von meinem Leibe scheiden zu sehen.*[129]

Was die Arbeitssuche anging, so stand Poe im Winter 1838 in Philadelphia immer noch mit leeren Händen da. Zur Aufbesserung der Haushaltskasse hatte ihm James Pedder einen kleinen Auftrag vermittelt. Für 50 Dollar überarbeitete er ein populärwissenschaftliches Lehrbuch für Muschelkundler. Poe – nicht gerade ein Fachmann in dieser Materie – zog ein in England erschienenes Buch für Muschelkundler heran, schrieb es für die eigenen Zwecke um und übernahm wesentliche Teile. Als Poe später Plagiatsvorwürfe gegen Henry W. Longfellow erhob, fiel diese Geschichte auf ihn zurück und wirkte sich nicht sehr günstig aus. Im April 1839 brachte er das Gedicht *The Haunted Palace* (*Das Geisterschloss*) im «American Museum» unter. Zu dieser Zeit arbeitete er wahrscheinlich schon an seiner berühmten Erzählung *The Fall of the House of Usher* (*Der Fall des Hauses Ascher*), in der das nicht minder berühmte Gedicht vom *Geisterschloss* eine zentrale Rolle spielt. Der verwunschene Palast soll nach Poes eigenem Bekunden das von Phantomen heimgesuchte Gemüt seines Helden Roderick Usher darstellen und Sinnbild seines verwirrten Geistes sein. Kurz nach Erscheinen des Gedichts lernt Poe den Herausgeber des «Gentleman's Magazine» William Burton kennen. Burton, der zunächst Theologie studiert hatte, war ein verhinderter Schauspieler, der sich trotz größter Anstrengungen auf der Bühne hatte nicht durchsetzen können. Mehr Erfolg bescherte ihm die Gründung einer eigenen Zeitschrift. Das «Gentleman's Magazine» war ein Gesellschaftsmagazin mit einer bunten Mischung von Nachrichten und Artikeln. Anfang Mai akzeptierte Burton das Angebot Poes, als Redakteur in sein Magazin einzutreten; er sollte zunächst so bezahlt werden wie beim «Messenger» – zehn Dollar die Woche. Burton kannte natürlich die Umstände, die zu Poes Kündigung beim «Messenger» geführt hatten und war dementsprechend vorsichtig: Alle weiteren Vereinbarungen sollten Anfang 1840 in Kraft treten – «sofern wir bis dahin miteinander auskommen [...]. Sollten wir uns trennen, gilt eine Kündigungsfrist von einem Monat.»[130] Die Vorsicht Burtons erstreckte sich nicht nur auf die formalen Regelungen, sondern auch auf inhaltliche Punkte. In einem weiteren Brief heißt es unmissverständlich, er wolle einen «unverhältnismäßig strengen Kritikstil» nicht hinnehmen und Poe habe sich der Tendenz des Blattes anzupassen. Aus «Nächstenliebe»[131] sei er nicht eingestellt worden. Poe hatte keine Wahl. Im Juli kam die erste Nummer unter seiner Regie heraus, in den neuen Rezensionen blitzte ein paar Mal seine scharfe Klinge auf, im Wesentlichen hielt er sich jedoch an Burtons Vorgaben. Einen Monat später erschien das erste eigene Stück im «Gentleman's Magazine»: *The Man That Was Used Up. A Tale of the Late Bugaboo and Kickapoo Campaign* (*Ein verbrauchter Mann. Anekdote aus dem letzten Bugabu-Kickapunischen Kriege*). Die *Kickapoos* sind ein Indianerstamm, der ursprünglich im Norden Amerikas lebte und zu Poes Zeiten nach Texas vertrieben wurde. Der Ausdruck *Bugaboo* steht für Popanz und meint hier die eingebildete Bedrohung durch den «roten Mann». Im Mittelpunkt der Geschichte steht der Brigadegeneral John A. B. C. Smith, ein hoch dekorierter Mann; in vielen Schlachten gegen die Bugaboo- und Kickapoo-Indianer hat er seine Nützlichkeit unter Beweis gestellt und sich dabei auch verbraucht. Auf beide Bedeutungen spielt die Überschrift an, der

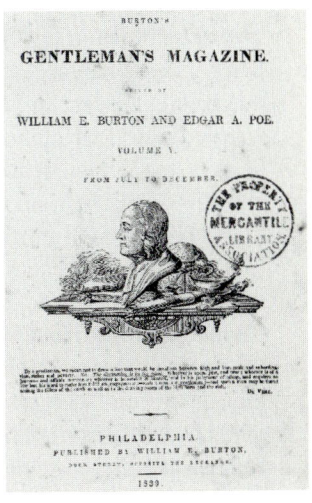

William Burton (1804–1860), Herausgeber von «Burton's Gentleman's Magazine», 1839 an Poe: «Mein lieber Herr, da ich niemanden kenne, der meinen Vorstellungen besser entspricht als Sie, wünsche ich, mit Ihnen ins Geschäft zu kommen.»
Zeitgenössisches Gemälde von Henry Peters Gay

Mann *that was used up*. Am Schluss stellt sich heraus, dass der General nur noch als künstlicher Mensch, als eine einzige Ansammlung von Prothesen existiert: Glasaugen, Korkbein, eine künstliche Schulter und eine ebensolche Brust, Armprothesen, eine Perücke, ein Gebiss, selbst Gaumen und Zunge müssen eingesetzt werden. Jeden Morgen wird der General von seinem Diener Pompeius zu einem Menschen zusammengesetzt, vor dieser Prozedur sieht er aus wie ein *Bündel-Etwas*.[132] Der Icherzähler weiß zunächst nichts von der wahren Substanz des Mannes und ist von der äußeren Erscheinung des Generals ganz begeistert: *[...] sechs Fuß in der Höhe [...] von ungemein gebietender Erscheinung. [...] Sein Haupthaar hätte einem Brutus Ehre gemacht; – nichts konnte reicher fluten oder einen strahlenderen Glanz besitzen.* Die Augen *waren von tiefem Nußbraun, ungemein groß und leuchtend [...]. Die Brust des Generals war fraglos die prächtigste, die ich nur je erblickte.*[133] Ein Mann, an dem sich der Icherzähler aufrichtet. Glanz und Größe die er zu sehen begehrt, sind jedoch nichts anderes als die Fratze eines Monsters. Poe komponiert, so Ulrike Brunotte, eine «Fortschrittsgroteske»[134], denn der General lobt, was ihn zerstört hat, den Krieg und die neuen Waffen ebenso wie technische Prothesen, durch die er wieder zum Menschen wird: «Er ist sowohl das Opfer wie der groteske Nutznießer der Technik. Ohne sie könnte er beim besten Willen nicht mehr leben.»[135] Neben der Zweideutigkeit des technischen Fortschritts spielt Poe auf einen höchst konkreten Hintergrund an, die endgültige Vertreibung und Vernichtung der Indianer. 1839 werden die Cherokee, Choctaw, Chickasaw und Creek und die meisten Seminole über den Mississippi nach Westen vertrieben.[136] Ein mögliches Vorbild für Poes General könnte darum, so Daniel Hoffman, General Winfield Scott sein, der in Florida gegen die Indianer kämpfte. Scott könnte Poe schon deshalb inspiriert haben, weil er in früheren Zeiten zu den engeren Bekannten seines Ziehvaters John Allan gehört hatte. Klaus Theweleit[137] hat darüber hinaus noch auf ein anderes mögliches Vorbild aufmerksam gemacht: der berühmte Kolonist John Smith, der 1606 von London nach Virginia ging, wo er zwei Jahre später Präsident und Gouverneur der ersten englischen Siedler in der Neuen Welt wurde.

Nachdem Poe wieder Fuß gefasst hatte, gelangen ihm Texte von außerordentlicher Qualität. Die kommenden Monate gehören mit zu den produktivsten seines gesamten Schriftstellerlebens. Im September 1840 erscheint die berühmte Erzählung *The Fall of the House of Usher*. Die Handlung lässt sich kurz zusammenfassen: Der Erzähler wird von seinem kranken Freund, Roderick Usher, den er seit seiner Jugendzeit nicht mehr gesehen hat, um Hilfe gerufen. Bei seiner Ankunft muss er bemerken, welch düsteren Eindruck die Gegend und das altehrwürdige Haus Usher machen, wohin er auch blickt, die Zeichen des Verfalls sind unübersehbar. Auch Roderick ist davon ergriffen, er hat sich in ein opakes Ideengeflecht eingesponnen und scheint von dämonischen Kräften beherrscht zu werden, offenbar befindet er sich an der Grenze zum Wahnsinn. Dem Freund erzählt er von seiner innigst geliebten Schwester Madeline, die an einem mysteriösen Leiden dahinsiecht. Kurze Zeit später teilt Roderick seinem Gast mit, dass Madeline gestorben sei. Die beiden Freunde schaffen die Tote in die Familiengruft im Gewölbe des Hauses. Einige Tage darauf, in einer Sturmnacht, sucht Roderick, von unheilvollen Gedanken getrieben, das Zimmer seines Freundes auf; plötzlich öffnet sich die Tür, und die in einem Leichentuch eingewickelte Schwester wankt herein. Die nur scheintote Lady Madeline hat sich aus dem Grab befreit, ihr Leib ist von den Spuren eines furchtbaren Kampfes überzogen, zuerst wankt sie hin und her, dann stürzt sie in endgültigem Todeskampf zu Boden und reißt den Bruder mit sich, der ebenfalls stirbt. Augenblicklich flüchtet der Erzähler aus dem Haus, das er hinter sich zusammenstürzen und versinken sieht.

In fast schon grotesker Anhäufung versammelt die Erzählung alle typischen Motive und Requisiten einer Schauergeschichte, bei näherem Hinsehen aber zeigt sich der symbolische Gehalt, der vor allem auch an der Schlussszene deutlich wird. Das altehrwürdige Haus der Familie Usher, über Generationen hinweg ein prächtiger Stammsitz, versinkt sang- und klanglos in einem See, nichts bleibt am Ende übrig von der einstigen Größe. Vor der Kulisse eines blutrot untergehenden Vollmonds bricht das Haus entzwei, *mir schwindelte der Kopf,* so der Erzähler, *als die*

Mauern wie Vorhänge auseinander flogen – da erscholl ein langes tumultuarisches Gegröhl, wie die Stimme von tausend Wassern – und der unergründliche klamme Pfuhl zu meinen Füßen schloß sich mürrisch & schweigend über den Trümmern des HAUSES ASCHER.[138] Poe gestaltet den apokalyptischen Untergang eines amerikanischen Symbols, denn die alteingesessenen Familien mit ihren noblen Häusern repräsentierten Macht und Wohlstand. Es waren mithin die Grundfesten der Gesellschaft, die da in einem katastrophischen Augenblick gänzlich erschüttert wurden und quasi widerstandslos in sich zusammensanken. Im Inferno bleibt von den Errungenschaften der Zivilisation nichts übrig, keine Ruine, keine Trümmer, kein Stein. So radikal die Vernichtung auch war, sie kam nicht überraschend, die Zeichen der Katastrophe waren von Anfang an sichtbar. Eine schwere, unheilvolle Stimmung durchzieht die ganze Erzählung. Am Beginn heißt es: *Einen geschlagenen Tag lang, starr, trüb, tonlos & tief im Herbste des Jahres, war ich allein, zu Pferde, unter dem bedrückend lastenden Wolkenhimmel, durch einen ungewöhnlich öden Strich Landes dahingeritten; und fand mich endlich, da die Schatten des Abends sich anschickten heraufzuziehen, angesichts des melancholischen Hauses Ascher.*[139] Der Erzähler nähert sich dem Haus Usher, und die Realität scheint gleichsam von ihm abzufallen, sie verliert ihre Bestimmtheit, zuletzt befindet er sich wie in einem exterritorialen Raum, einer Art Totensel, auf der Finsternis und Ödnis herrschen. Angst und Grauen empfindet der Erzähler, er besinnt sich auf seinen Verstand, reflektiert die ihn umgebende Szenerie und wischt zunächst alle unheimlichen Eindrücke beiseite. Dann aber sieht er die schwarze Teichscheibe, *die glänzend & faltenlos am Haus lag*[140]; er späht in das Nichts hinab, und sein Schaudern wird noch durchdrin-

> Aus allen Dokumenten, die ich gelesen habe, hat sich für mich die Überzeugung ergeben, daß die Vereinigten Staaten für Poe nur ein großes Gefängnis waren, das er durchmaß mit der fieberhaften Beweglichkeit eines Wesens, geschaffen, in einer würzigen Luft zu atmen – nur eine große, gaslichterhellte Barbarei –, und daß sein inneres, geistiges Leben als Dichter oder gar als Trinker nur eine ewige Anstrengung war, dem Einfluß dieser antipathischen Atmosphäre zu entrinnen.
> Charles Baudelaire, 1856

gender. Während sich der Erzähler immer wieder der immanenten Atmosphäre entreißt, ist sein Freund, die übersensible Künstlernatur Roderick Usher, ein vollkommen von der Angst Gezeichneter: Leichenblasse Haut, ein sprunghaftes, unbeständiges Gebaren, ein habituelles Zittern und nervöse Erregtheit kennzeichnen ihn. Usher lebt in einer imaginären Welt, an der nur seine Zwillingsschwester Madeline teilhat.

Nach *The Fall of the House of Usher* erscheint einen Monat später, im Oktober 1839, die Erzählung *William Wilson*. Wieder handelt es sich um einen Icherzähler, der einer reichen und angesehenen Familie entstammt und der zum Opfer des Grauens wird. Eine fremde Macht ergreift von ihm Besitz und treibt ihn zur Selbstzerstörung. Diese Macht manifestiert sich in einem Doppelgänger, mit dem William Wilson zum ersten Mal im Internat Bekanntschaft schließt. Der «andere» William Wilson imitiert den «echten» – im Aussehen, in Haltung und Benehmen gibt es keinen Unterschied, nur die Stimme ist ein *eigentümliches Gewisper*[141]. Mit seiner Flüsterstimme mischt er sich in alles ein, er kritisiert und drangsaliert William Wilson. Dann verschwindet der Doppelgänger für einige Zeit; als William Wilson jedoch als Student immer mehr dem Laster verfällt, taucht die Flüsterstimme wieder auf und macht ihm Vorhaltungen, quält ihn mit Einsprüchen. William Wilson verlässt die Universität, reist durch die ganze Welt, um den Doppelgänger loszuwerden. Beim römischen Karneval ist er drauf und dran, die schöne Gattin eines Herzogs zu verführen, als er plötzlich wieder das Wispern im Ohr wahrnimmt. Entschlossen, dem Spuk ein Ende zu bereiten, packt er den Doppelgänger am Kragen und fordert ihn zum Duell. In einem kurzen Kampf stößt William Wilson seinem Alter Ego mit brutaler Wildheit den Degen in die Brust. Er glaubt sich schon am Ziel, da kommt ihm in einem imaginären Spiegel der «andere» Wilson entgegen; bleich im Gesicht und blutbespritzt, spricht er mit der Stimme des «echten» Wilson: «*Du hast gesiegt, und ich trete ab. Doch von nun an bist auch Du tot – tot für die Welt, für Himmel & Hoffen. In mir warst Du am Leben – nun, in meinem Tode, schau in diesem Bild, es ist Dein eigenes, wie gänzlich Du Dich selbst gemordet hast.*»[142]

Poe benutzt das romantische Motiv des Doppelgängers, um einen Identitätskonflikt darzustellen. Der «andere» William Wilson ist in der Literatur immer wieder als Verkörperung des Gewissens gedeutet worden, als Über-Ich, das den Handlungsspielraum des Ichs einengt und sich sofort in den Weg stellt, sobald das Ich den Pfad der Tugend und Moral verlässt. Doch Poe geht es hier nicht nur um einen Gewissenskonflikt, sondern auch um eine Selbstbehauptung: Der Protagonist ist völlig von der fixen Idee eines Doppelgängers beherrscht, sodass er schließlich an seinem eigenen Ich irre wird und «das fremde Ich an die Stelle des eigenen versetzt»[143]. Die Selbstbehauptung kulminiert in der Vernichtungstat, in Mord beziehungsweise Selbstzerstörung.

Für Poe liegen solche Selbstzerstörungsprozesse nicht nur im Subjekt begründet, die ganze Gesellschaft lebt mit einer permanenten Chaosdrohung. Mit zum Teil pseudowissenschaftlichen Argumenten versucht Poe in seinen Katastrophenphantasien, den immanenten Kern der Auflösung zu beschreiben. Die im Dezember 1839 veröffentlichte Erzählung *The Conversation of Eiros and Charmion* behandelt dieses Thema. Der Untergang der Erde im Feuer wird hier als ein unausweichliches Ereignis beschrieben. Angeregt wurde Poe möglicherweise durch einen Meteorschauer in Baltimore, der sich am 13. November 1833 ereignete; von ebenso großer Bedeutung könnte das Auftauchen des berühmten Halleyschen Kometen im Jahre 1835 gewesen sein. Die kollektiven Untergangsvisionen setzt Poe 1841 mit *The Colloquy of Monos and Una* fort. Beide Erzählungen bilden wichtige Vorarbeiten zu *Eureka* (1848), dem großen Essay über das Materielle und Spirituelle.

Ende 1839 steckt Poe voller Ideen, doch die redaktionelle Arbeit lässt ihm immer weniger Zeit für eigene Projekte. Burton zog sich vom «Gentleman's Magazine» zurück und frönte seiner Theaterleidenschaft. Aus den vereinbarten zwei Stunden, die Poe täglich arbeiten sollte, wurde unter der Hand ein Full-Time-Job. Überdies brachte Burtons Geschäftspolitik Poe mehr und mehr in Schwierigkeiten. An Snodgrass schreibt Poe am 11. November 1839: *Mr B. zahlt für nichts – und wir sind gezwungen aufzufüllen, wie wir's nur eben können.*[144] Poe konnte den Autoren keine Honorierung anbieten und musste um Gratisleistungen bitten oder irgendwelche Artikel minderer Qualität abdrucken. Wenn Not am Mann war, sprang Poe selbst in die Bresche und schrieb – anonym – über die unterschiedlichsten Dinge. Als weitere Möglichkeiten, die Ausgaben voll zu bekommen, boten sich für Poe die Rezensionen an. Er besprach monatlich zwischen zehn und fünfzehn Bücher und zitierte zum Teil sehr ausführlich aus den Texten. Natürlich blieben auch seine Erzählungen von den Produktionserfordernissen nicht verschont, so mancher Exkurs begründete sich mit großer Wahrscheinlichkeit nicht nur inhaltlich. Möglicherweise hat Poe bestimmte Stücke gleich entsprechend konzipiert, um sie dann flexibel in die jeweilige Ausgabe einarbeiten zu können. So veröffentlicht er 1840 anonym und in Fortsetzungen *The Journal of Julius Rodman* (*Das Tagebuch des Julius Rodman*). Ein fiktiver Bericht von der ersten Durchquerung der Rocky Mountains und der Erschließung des Westens. Vorbild ist die berühmte Expedition von Lewis und Clark, die im *Julius Rodman* zum Teil nachgestellt wird. Dem damals veröffentlichten Bericht von Lewis und Clark entnahm Poe nicht nur die Route und viele Detailinformationen, er paraphrasierte ganze Kapitel.[145]

Während es in der Zusammenarbeit mit Burton immer häufiger zu Konflikten kam, hatte sich Poes Privatleben konsolidiert. Mit Virginia und Maria Clemm bezog er in diesen Monaten ein Haus am Stadtrand von Philadelphia – Alkoholexzesse waren zu dieser Zeit offenbar kein Thema. Dass Poe die Konflikte so wegstecken konnte, lag sicher auch an der Erfüllung eines Herzenswunsches: Im Herbst 1838 erklärte sich der Verlag Lea and Blanchard bereit, die gesammelten Erzählungen Poes zu drucken. Poe musste allerdings alle finanziellen Interessen hintanstellen, lediglich ein paar Belegexemplare wurden ihm zugesichert; so erschien im Dezember 1839 die zweibändige Ausgabe der *Tales of the Grotesque and Arabesque*. Die Bände versammelten die Perlen des Poe'schen Schaffens. Über die Einteilung der Erzählungen, die Poe mit den Begriffen grotesk und arabesk vornimmt, hat er selbst nicht viel verlauten lassen. Umso eifriger hat sich die Forschung mit diesen Begriffen beschäftigt.[146] Dabei haben sich

Die Coates Street in Philadelphia. Aquarell

unterschiedliche Verwendungsweisen herausgebildet. Ganz allgemein wurden die Begriffe als Raster benutzt, die zwei Seiten im Werk Poes zu unterscheiden: zum einen die satirischen, humoresken Erzählungen, die dem Grotesken zugeordnet werden; zum anderen die düster-phantastischen Schreckensgeschichten, die man dem Arabesken zuzählt. Neben dieser formalen Einteilung gibt es zahlreiche Versuche, den inhaltlichen Bedeutungshorizont der Begriffe aufzuhellen. Ursprünglich handelt es sich um Begriffe aus der bildenden Kunst: Eine Arabeske ist eigentlich ein Ornamentstil, bei dem exakte geometrische Motive, zumeist aus der Pflanzenwelt, eng miteinander verwoben werden. Als grotesk wurden ursprünglich Muster und Motive bezeichnet, die vom klassischen Maß abwichen und Szenen und Gebilde zeigten, die nicht der gewöhnlichen Wahrnehmungsweise entsprachen. In der Groteske kann phantasiereich gestaltet werden, alle möglichen Formen sind zugelassen, eine exakte Durchstilisierung wie in der Arabeske gibt es nicht. Zumbach macht den Unterschied in einem Satz deutlich: «In einer Arabeske wird die Realität transzendiert, in einer Groteske ins Monströse verzerrt.»[147] Die Begriffe, so Zumbach, spiegeln Poes «geistige Ambivalenz»: «die machtvolle Phantasie, das ‹hehre Anliegen›, das Streben nach Erkenntnis der einen Erzählung werden in einer anderen profaniert und der Lächerlichkeit preisgegeben; hier die Überwindung des Zeitgeistes, die Sehnsucht nach dem Paradies, dort seine Verhöhnung, die Bloßstellung seiner höllischen Dimension.»[148]

Wie immer hegte Poe große Hoffnungen, als die *Tales of the Grotesque and Arabesque* erschienen, doch die Erzählungen verkauften sich nur mäßig. Poe blieb auf die Veröffentlichungsmöglichkeiten in Zeitschriften angewiesen, und in dieser Hinsicht sah es um diese Zeit schlecht aus. Burton war mit seinem Chefredakteur unzufrieden, er kritisierte seine Artikel und hatte sich wohl einen noch größeren Erfolg für sein Journal erhofft. Der Bruch zwischen den beiden war nur eine Frage der Zeit. Im Mai schrieb Burton einen geharnischten Brief an Poe, er drohte mit der Kürzung des Gehalts, aber wohl auch mit der Kündigung des Arbeitsverhältnisses. Poe bezieht sich auf diesen nicht erhaltenen Brief Burtons in seinem Schreiben vom 1. Juni 1840. Aufgebracht und vor Wut schäumend rechnet er mit Burton ab: *Sehr geehrter Herr, heute morgen, Montag den 1. Juni, finde ich Muße, mich mit Ihrem einzigartigen Brief vom Samstag zu befassen, und Sie sollen nun hören, was ich zu sagen habe. Zuerst einmal – Ihre Versuche, mich einzuschüchtern, vermögen in mir kaum ein anderes Empfinden als das der Belustigung zu erwecken. Wenn Sie wieder an mich schreiben, so wahren Sie doch, wenn Sie können, die Würde eines Gentleman. Sollten Sie es sich zufällig in den Kopf gesetzt haben, daß man mich ungestraft insultieren könne, so bleibt mir nur anzunehmen, daß Sie ein Esel sind. Nachdem dieser Punkt nun unmißverständlich geklärt wäre, fühle ich mich freier, die Dinge beim Namen zu nennen.*[149] Poe wehrt sich gegen Burtons Angriffe und schließt mit dem Satz: *Wenn Sie darauf bestehen, ist unsere Verbindung zu Ende.*[150] Burton bestand darauf, und Poe war im Juni 1840 wieder arbeitslos. Schon lange geisterte Poe der Gedanke an ein eigenes Magazin durch den Kopf, nun trat er mit diesem Projekt an die Öffentlichkeit. Am 13. Juni 1840 erschien im «Saturday Courier» die «Voranzeige des ‹Penn Magazine›, ein monatlich erscheinendes Literaturjournal». In der Anzeige wies Poe auf seine Arbeit beim «Messenger» hin, an den dort gepflegten strengen Kritikstil gelte es anzuknüpfen. Nach Form und Aussehen soll das Magazin den großen Zeitschriften ähneln, «The Knickerbocker» und «North American Review», und Poe nimmt entschlossen dieses Projekt in Angriff. Er sammelt fleißig Subskribenten unter seinen Freunden und Kollegen. Doch ohne eigenes Einkommen zerrinnt ihm das eingesammelte Geld zwischen den Fingern. Am Ende bleibt nicht viel davon übrig. Poe hält zum Schein an der Sache fest, immer wieder verschiebt er den Start des Journals. Im Februar teilt er seinen Subskribenten in einer Zeitungsnotiz mit, dass er demnächst als Chefredakteur bei «Graham's Lady's and Gentleman's Magazine» arbeiten werde. Ohne es klar auszusprechen, konnte dies nur bedeuten, dass das Projekt gescheitert war. Der neue Besitzer dieses Magazins hatte ihm ein lukratives Angebot gemacht. George Rex Graham hatte das Magazin im November von Burton gekauft und führte es unter dem neuen Namen weiter. Er verkörperte das Ideal des sich

George Rex Graham (1813 – 1894), Verleger von «Graham's Lady's and Gentleman's Magazine». Mit Poe als Chefredakteur wurde das Magazin zur meistgelesenen Monatsschrift der Vereinigten Staaten.

hocharbeitenden Selfmademan. Graham hatte als Möbeltischler begonnen, studierte Jura, machte Karriere als Journalist und wurde schließlich Anteilseigner bei verschiedenen Zeitschriften. Er hatte etwas übrig für Leute mit eigenen Gedanken. Und natürlich hatte er von dem «schwierigen» Edgar Allan Poe gehört, doch das machte diesen für Graham nicht unsympathisch. Die persönliche Bekanntschaft bestätigte seinen Eindruck. Er bot Poe ein Jahresgehalt von 800 Dollar an. Bedenkt man Poes problematische Lage, war dies eine geradezu phantastische Aussicht, nie zuvor hatte er so viel Geld verdient.

Höhenflüge und Abstürze

Entkommen

«Es läßt sich nicht lesen» – so ist einmal treffend von einem gewissen deutschen Buche gesagt worden.[151] Mit diesem Satz beginnt die im Dezember 1840 in «Graham's Lady's and Gentleman's Magazine» erschienene Erzählung *The Man of the Crowd*. Der einleitende Satz wird am Ende noch einmal zitiert: *Im Buche des bösesten Herzens auf der Welt steht mehr geschrieben denn im «Hortulus Animae», und vielleicht ist es nur eine der großen Gnadengaben Gottes, daß «es sich nicht lesen läßt».*[152] Zwischen diesen beiden Sätzen wird eine Suche nach dem anderen, dem fremden Ich beschrieben, eine Suche, bei der sich der Protagonist von sich selbst löst und seine eigene Fremdheit erfährt.

Diese Beziehung zwischen Mann und Menge, von der die ganze Erzählung lebt, wird in der ansonsten virtuosen deutschen Übersetzung von Hans Wollschläger eingeebnet. Wollschläger übersetzt schon den Titel *The Man of the Crowd* mit «Der Massenmensch». In dem zusammengezogenen Substantiv wird nicht nur die Spannung des Textes aufgelöst, die durchgängige Übersetzung von «crowd» mit «Masse» impliziert bereits, wie Rudi Thiessen gezeigt hat[153], eine bestimmte zivilisationskritische Argumentationsfigur. Angespielt wird auf ein spezifisch deutsches Unbehagen, wie es sich vor allem in der Kulturkritik der zwanziger Jahre herausgebildet hat: Massen sind bedrohlich, chaotisch, triebhaft. Poe hat jedoch ein anderes Phänomen vor Augen. Er sah in der Menge einen Spiegel, ein Gegenüber, in dem sich der Erzähler sucht und am Ende verliert.

Vor der eigentlichen Handlung steht eine Einführung in die Befindlichkeit des Icherzählers. Es geht um einen gerade von einer Krankheit genesenen Mann, der in einem Londoner Kaffeehaus sitzt. Er wird als ein Mensch mit besonderer Wahrnehmungsschärfe vorgestellt; befreit vom Schmerz, aber immer noch hoch angespannt und sensibilisiert für die Aufnahme innerer und äußerer Eindrücke, verfügt er über ein waches Bewusstsein und über starke intellektuelle Kräfte. In der ersten Zeit genießt der Protagonist die Situation mit einer Zigarre im Mund und einer Zeitung auf dem Schoß; bei Einbruch der Dunkelheit aber wird seine ganze Aufmerksamkeit vom Innenraum nach draußen gelenkt. Fasziniert betrachtet er das Gedränge der Menschen auf der Straße: *Anfangs nahmen meine Gedanken eine abstrakte und verallgemeinernde Richtung. Ich sah die Passanten erst nur mehr en masse und dachte über sie als Herden-Ganzes nach. Bald aber ging ich dann zu Einzelheiten über und betrachtete mit minuziösem Interesse die ungezählten Varietäten in Kleidung und Gestalt, in Gangart und Gebaren, Gesicht und Mienenspiel.*[154] Zunächst ist der Erzähler noch ein gesicherter Beobachter, der aus der Distanz ein *Schauspiel*[155] wahrnimmt. Doch immer näher rückt er an das Gesehene heran, fühlt er sich in das Treiben hineingezogen: *Die Stirn ans Glas gepreßt, war ich mithin beschäftigt, die flutende Masse zu mustern.*[156] In kurzen Blickmomenten spürt er den Physiognomien nach, dann bemerkt er plötzlich das Gesicht eines *abgelebten alten Mannes von wohl fünfundsechzig oder siebzig Jahren – ein Gesicht, welches aufgrund der absoluten Idiosynkrasie seines Ausdrucks sogleich meine ganze Aufmerksamkeit fesselte und in sich hineinsog.*[157] Von einem Moment zum anderen gibt der Erzähler seine distanzierte Beobachterposition auf und folgt diesem Mann. Eine Nacht und einen Tag geht er wie gebannt hinter dem Fremden her, der ziellos durch die Stadt zu streifen scheint, immer auf der Suche nach der Menge, die er jedoch, sobald er sie erreicht hat, flieht. Am zweiten Abend ist er erschöpft, er tritt dem Fremden in den Weg, starrt ihm ins Gesicht: *Doch er nahm keinerlei Notiz von mir, sondern schritt weiter in feierlichem Gang, indessen ich davon abstand, ihm noch fürder zu folgen, und in Gedanken versunken zurückblieb. «Dieser alte Mann», sagte ich schließlich, «ist das Urbild und der Genius tiefer Schuld. Er bringt's nicht über sich, allein zu sein. Er ist der Massenmensch.»*[158] Rudi Thiessen schreibt dazu, «der Kaffeehausbesucher verfällt dem Sog der Menge und sieht sich selbst […] ins Gesicht als Mann der Menge, als nichts als ein Mann der Menge, als unerkannter, sich selbst nicht bekannter Fremder. Angezogen, aufgesaugt von der Menge, in ihr herumgestoßen, angerempelt, nicht gegrüßt und unerkannt, verliert das neugeborene bürgerliche Subjekt jede Identität, die es dazu macht. Ist es ausgeliefert einem Sog, dem es sich nicht hingeben kann, nur zum Opfer der Preisgabe der eigenen Existenz, dem es schließlich mit Vernichtungs- und Formationsfantasien begegnet. Und so sehr das bürgerliche Subjekt die Schmach vergessen will, sich selbst als the man oft the crowd begegnet zu sein – es gelingt nicht mehr.»[159]

Die «Soggeschichte» *The Man of the Crowd* findet ein knappes halbes Jahr später eine Fortsetzung mit *A Descent into the Maelstrom* (*Ein Sturz in den Maelstrom*). Ein Fischer erzählt, wie er in den Strudel des Malstroms gerät. Stufe für Stufe vollziehen sich unterschiedliche Phasen des Schreckens. Der Protagonist kann seinen eigenen Untergang in der Tiefe sehen, ein mechanischer Prozess läuft ab, er weiß, er wird das Opfer sein. Irgendwann hat er sich damit abgefunden, genau in diesem Moment aber, als er glaubt keine Hoffnung mehr zu haben, kommt der Wendepunkt; der Schrecken, von dem er paralysiert wurde, fällt allmählich von ihm ab, seine Verstandeskräfte regen sich wieder, er beginnt nachzudenken, sich für die Situation zu interessieren, ja, er ist geradezu fasziniert von dem, was er sieht und erlebt, immer schärfer wird sein Bewusstsein und sukzessive gewinnt er seine Handlungsmacht zurück. Der in den Sog Geratene zieht sich schließlich wie Münchhausen am eigenen Schopf aus dem Trichter des Malstroms. Während der Protagonist in *The Man of the Crowd* sich dem Sog überlässt, selbst ein Teil der Menge wird, erwacht der vom Malstrom Erfasste im Stadium des äußersten Bedrohtseins und rettet sich.

Poes Metapher des Malstroms und das Motiv des Sogs haben in der Moderne eine große Anziehungskraft auf ganz unterschiedliche Literaten und Denker ausgeübt: Baudelaire war angetan von der Schilderung der Ausnahmesituation, in der der Mensch über sich hinausgeht.[160] Auch Ernst Jünger zeigt sich fasziniert, wenn er im Tagebuch von 1943 den Malstrom Poes «eine der großen Visionen» nennt, «die unsere Katastrophe vorausschauten.»[161] Die entscheidende Wahrnehmungskategorie Poes, die Jünger übernimmt, ist der «Schrecken», den er positiv besetzt und mit der Wiedererlangung von Verstandeskälte und -klarheit identifiziert. Theodor W. Adorno nimmt in seinem Werk mehrfach Bezug auf das von Poe entworfene symbolische Bild, jener «atemlos kreisenden, doch gleichsam stillstehenden Bewegung des ohnmächtigen Bootes im Wirbel des Maelstroms.»[162] Anders aber als Baudelaire und Jünger sieht er in manchen Schilderungen des Schreckens eine gefährliche Ästhetisierung, die das Grauen als Lusterfahrung affirmiert und sich an der Sensation berauscht.

Charles Baudelaire (1821–1867) macht Poe in Frankreich bekannt. Foto von Nadar, 1860

Als Poe die beiden Geschichten schrieb, befand er sich auf dem Höhepunkt seiner schriftstellerischen Karriere. Die Jahre 1840–41 gehören zu den produktivsten und wohl auch zu den sorglosesten. Graham zahlte gut, sodass Poe sich nun auch einen besseren Lebensstandard leisten konnte. Das kleine Glück war fast perfekt; nur Virginia kränkelte etwas, doch es schien nichts Beunruhigendes zu sein. Poe hatte in dieser Zeit den Rücken frei, seit Frühjahr 1841 war er Chefredakteur und innerhalb kürzester Frist stiegen die Abonnentenzahlen. «Graham's Magazine» zog die namhaften Autoren des Landes an. Poe lernte viele Literaten persönlich kennen und bemühte sich als Chefredakteur darum, gute Leute an das Blatt zu binden und neue Talente zu entdecken. Im Frühjahr 1841 machte er die Bekanntschaft mit Rufus Wilmot Griswold, einem noch nicht sonderlich bekannten Journalisten und Autor, dem man Geschick und Talent nachsagte. Griswold hatte sich erfolgreich hochgearbeitet, er war als Drucker tätig gewesen, hatte dann Theologie und Jura studiert. Ob er das Studium je abgeschlossen hat, ist zweifelhaft. Als Poe ihn kennen lernt, nennt er sich Reverend. Griswold war damit beschäftigt, eine Anthologie über «Dichter und Dichtkunst in Amerika» herauszugeben. Obwohl das Werk noch in den Anfängen steckte, nahm schon alle Welt Notiz von diesem Unternehmen. Natürlich sollte auch Poe darin gewürdigt werden. Griswold zeigte sich aufgeschlossen, und Poe war hoch erfreut über dieses Interesse; er gab dem jüngeren Kollegen nicht nur Gedichte zum Abdruck, sondern verschaffte ihm gleich noch Einblicke in seine Poetik. Wie aus dem Briefwechsel der beiden hervorgeht, muss Poe hier auch Plagiatsvorwürfe gegen Henry W. Longfellow erhoben haben. Zwischen Griswold und Poe herrschte anfangs ein vertrauter Ton, sie verständigten sich augenzwinkernd über Dichterkollegen und literarische Themen. Wie aufrichtig diese Gesten waren, bleibt dahingestellt, jedenfalls wird Griswold in den nächsten Jahren eine zwielichtige Rolle im Leben Poes spielen; mehrfach entpuppt er sich als Feind und Gegner, der gegen Poe intrigiert. Gleichwohl macht Poe ihn zum literarischen Testamentsvollstrecker, der auf diese Weise nach Poes Tod dessen Werke herausgeben kann. Mit seinen biographischen Essays bestimmt Griswold über Jahrzehnte das amerikanische Bild von Poe als einem Dichter, der sich durch einen unmoralischen Lebenswandel und schlimmste Ausschweifungen selbst zugrunde gerichtet hat. Poe hatte nicht die beste Menschenkenntnis, er zog häufig die falschen Leute ins Vertrauen, überfrachtete seine Beziehungen mit unrealistischen Ansprüchen. Auch das Verhält-

Rufus Wilmot Griswold, der literarische Testamentsvollstrecker. Gemälde von Charles L. Elliott, 1857

nis zu Graham wird sich schon bald wandeln.

Im April erschien *The Murders in the Rue Morgue*, (*Der Doppelmord in der Rue Morgue*). Mit diesem Werk begründet Poe ein neues Genre, den modernen Detektivroman. Die Geschichte beginnt mit einem theoretischen Exkurs: Ein Icherzähler erläutert die Möglichkeiten des analytischen Denkens, grenzt den Begriff von anderen Begriffen wie Intuition, Phantasie und Einfallsreichtum ab. Der Erzähler leitet dann über zu einer Geschichte, die als Kommentar zu den vorgetragenen Behauptungen verstanden werden soll. Während

Illustration zum «Doppelmord in der Rue Morgue» von Alfred Kubin

eines Aufenthaltes in Paris machte er die Bekanntschaft eines Monsieur C. Auguste Dupin, eines jungen Mannes aus guter Familie, sehr intelligent, aber durch widrige Umstände verarmt. Mit Dupin stellt Poe seinen Meisterdetektiv vor, der es perfekt versteht, sich in die Psyche und in das Denken anderer Menschen einzufühlen und die Handlungsabläufe zu rekonstruieren. Dupin verknüpft dabei das rationale und das imaginative Denken; der Erzähler spricht an einer Stelle von *der Vorstellung eines doppelten Dupin – des schöpferischen und des zerlegenden*[163]. Seine Fähigkeiten stellt Dupin an einem Fall unter Beweis: In einer Zeitung wird von einem Aufsehen erregenden Doppelmord in der Rue Morgue berichtet, eine alte Dame und ihre Tochter wurden grausam umgebracht. Die Nachbarn hatten des Nachts Schreie gehört und die von innen verschlossene Wohnungstür aufgebrochen, zuvor hörten sie noch Stimmen: ein Franzose und die schrille Stimme eines Ausländers. Als sie die Wohnung betraten, waren die Täter verschwunden, und erst nach einigem Suchen fanden sich die verstümmelten Leichen. Jedes Tatmotiv fehlt, die Polizei tappt im Dunkeln. Schließlich tritt Dupin auf den Plan. Er geht daran, alle Fakten zu sortieren, gründlich zu analysieren und neu zusammenzusetzen. Das Ergebnis wird für alle Beteiligten überraschend, aufgrund von Indizien kommt Dupin zu dem Schluss, dass der Doppelmord nicht von Menschenhand begangen wurde, sondern von einem entlaufenen Orang-Utan. Mit einer List ermittelt Dupin den Besitzer. Er gibt eine Zeitungsannonce auf, in der er behauptet, im Bois de Boulogne einen Orang-Utan gefangen zu haben, der Eigentümer möge sich melden. Tatsächlich meldet sich ein Matrose, der den Affen aus Borneo mitgebracht hatte. In jener Nacht war ihm das Tier entlaufen, und der Matrose war dem Affen zwar gefolgt, hatte aber nicht verhindern können, dass dieser von außen in die besagte Wohnung kletterte und die beiden Frauen ermordete. Dupin konnte mit einem Geständnis den Fall bravourös lösen, und die Polizei musste zähneknirschend die Überlegenheit des Detektivs anerkennen. Das war Dupins erster Fall. In *The Mystery of Marie Rogét* (*Der Fall Marie Rogét*) und *The Purloined Letter* (*Der entwen-dete Brief*) lässt Poe den scharfsinnigen Detektiv erneut auftreten. Dupin wurde zum Vorbild für eine bis heute andauernde Konjunktur der Amateurdetektive. Einer der bekanntesten unter seinen literarischen Nachfahren ist die Figur des Sherlock Holmes von Arthur Conan Doyle.

> Wenn jeder Autor, der ein Honorar für eine Geschichte erhält, die ihre Entstehung Poe verdankt, den Zehnten für ein Monument des Meisters abgeben müßte, dann ergäbe das eine Pyramide so hoch wie die von Cheops.
>
> Sir Arthur Conan Doyle, 1909

Poe veröffentlichte 1841 fünf weitere Erzählungen. Nicht alle sind so bedeutend wie *The Murders in the Rue Morgue*, aber es sind einige Glanzstücke darunter, wie die bezaubernde Idylle *The Island of the Fay*. Daneben schrieb er zahlreiche Essays, in einem setzt er sich mit Geheimschriften auseinander, in einem anderen, *A Chapter on Autography*, versucht er sich im Deuten von Dichterhandschriften: Longfellow, Lowell, Cooper, Irving, Emerson und andere werden mittels einer Schriftprobe analysiert. Das war zwar publikumswirksam, machte aber nicht eben einen seriösen Eindruck. Poe konnte sich zu dieser Zeit Ausrutscher erlauben, er steckte die Kritik weg und schrieb weiter.

Am 20. Januar 1842 änderte sich die Situation schlagartig. Poe hatte aus Anlass seines Geburtstages für den Abend ein paar Gäste geladen. Als Höhepunkt war ein Gesangsauftritt Virginias vorgesehen, sie hatte eine bezaubernde Stimme und konnte wunderbar Harfe und Klavier spielen. Ihr Vortrag endete in einem Fiasko, ein heftiger Hustenkrampf erzwang den Abbruch der Darbietung: Virginia hatte einen Blutsturz erlitten. Schon zuvor war eine Lungentuberkulose im Anfangsstadium festgestellt worden, doch niemand hatte zu diesem Zeitpunkt mit dem Ausbruch der Krankheit gerechnet. Virginia erholte sich zwar in den nächsten Monaten, ihr Zustand blieb jedoch weiterhin Besorgnis erregend. Poe lebte zwischen Hoffen und Bangen; 1848 schilderte er die damalige Situation in einem Brief an seinen Freund George W. Eveleth: *Sie fragen – «Können Sie mir eine Andeutung geben, welch schreckliches Unheil denn nun eigentlich jenes anstößige Leben gezeitigt, über dem sich ein so profundes Lamento erhob?» Ja; ich kann Ihnen noch mehr als bloß eine Andeutung geben. Dies «Unheil» war das größte, das über einen Mann nur kommen kann. Vor sechs Jahren erlitt meine Frau, die ich liebte, wie kein Mann noch je geliebt, beim Singen einen Blutsturz. Man gab ihr Leben verloren. Ich nahm Abschied von ihr auf immer und litt alle Qualen ihres Todeskampfes mit. Dann erholte sie sich zum Teil wieder, und ich hoffte erneut. Doch nicht ein Jahr ganz ging darüber hin, da platzte das Blutgefäß abermals – ich machte ganz dieselbe Szene durch. Und abermals ein Jahr danach. Und wieder – wieder – wieder und noch einmal wieder, in wechselnden Abständen. Bei jedem Mal empfand ich alle Qualen ihres Sterbekampfes – und bei jedem Anfall ihres Leidens liebte ich sie inniger und klammerte mich verzweifelter an ihr Leben.*[164]

Virginia war in dieser Zeit des Sterbens die anwesende und immer auch schon entrückte Frau. Dieser Zustand zwischen Leben und Tod bringt sie, so Elisabeth Bronfen, in die Nähe «jener halb toten, verfrüht beerdigten oder (durch Metempsychose) wieder auferstandenen Heldinnen, wie Madeline, Morella, Berenice und Ligeia. Ihre Krankheit, die jeden direkten Vollzug erotischen Verlangens untersagte, inspirierte Texte, in denen die Faszination für eine Frau gerade auf ihrer Unerreichbarkeit beruht – das heißt, auf ihrer physischen Absenz, während sie als Erinnerte oder künstlich Wiedererschaffene präsent ist.»[165] Ein Beispiel dafür ist *Eleonora*. Die 1842 veröffentlichte Erzählung entstand einige Monate vor Virginias Blutsturz. Der Icherzähler, der über eine starke Phantasie verfügt, zeichnet ein Erinnerungsbild seiner verstorbenen Cousine, der über alles geliebten Eleonora. Schwelgerisch entfaltet er ihre Schönheiten, er betet diese wundervolle Frau an, die alles für ihn bedeutet hat und die sich ihm schließlich entzog: *Sie war sich bewußt, daß der Finger des Todes ihren Busen angerührt hatte – daß, der Ephemeris gleich, sie nur deshalb von so vollendeter Lieblichkeit geschaffen war, um zu sterben.*[166] Virginia diente nicht nur als Modell für Eleonora, sie war auch die Adressatin der Erzählung: Die sterbende Eleonora wird mit Treueschwüren bedacht; nie, so der Erzähler, könne er wieder *ein Mädchen der äußeren, der alltäglichen Welt*[167] lieben, und es folgt ein Gelübde, dass er sich *niemals durch Heirat einer Tochter dieser Erde verbinden – in keiner Weise ihrem teuren Angedenken [...] abtrünnig erweisen wollte, [...]*[168].

Poe versuchte Virginia zu trösten, doch er selbst war untröstlich und haderte mit dem Schicksal. Durch die Krankheit seiner Frau verlor Poe zeitweilig jeden Halt. Wieder flüchtete er sich in den Rausch; er trank Alkohol und nahm möglicherweise auch Opium. Die selbstzerstörerischen Exzesse beeinträchtigten natürlich auch seine Arbeit. Poe erschien unpünktlich und angetrunken in der Redaktion, fehlte tagelang und war, wenn er denn erschien, in einer äußerst reizbaren Stimmung. Als Graham sich nicht sofort bereit erklärt, ihm zwei Monatsgehälter Vorschuss zu zahlen, wirft er ihm Hartherzigkeit vor. Die Konflikte mit Graham nehmen in den nächsten Wochen zu, Poe bleibt jedoch auf seinem Posten, und in den Phasen der Hoffnung gelingen im eindrucksvolle Texte: Im Februar erscheint eine Besprechung von Dickens' Roman «Barnaby Rudge», für den Poe eine Menge Sympathie aufbringt, der ihn aber auch zu einer dezidierten Kritik herausfordert. Dickens weilt um diese Zeit auf einer großen Lese- und Vortragsreise durch Amerika. Der noch nicht dreißigjährige Dichter wird in der Neuen Welt wie ein Star gefeiert. Im März besucht er Philadelphia. Poe ergreift die Gelegenheit und bittet um einen Gesprächstermin; er schickt gleich ein paar Bücher und Papiere mit, um sich vorzustellen. Postwendend antwortet Dickens mit einer Einladung an den Kollegen. Man diskutiert über die Literatur in England und Amerika – doch Poe versprach sich wohl auch die Unterstützung des einflussreichen Autors bei der Vermittlung eines englischen Verlegers. Dickens erklärte sich dazu bereit, sehr nachhaltig hat er sich aber wohl nicht für Poe eingesetzt.

Charles Dickens (1812–70) schreibt Poe: «Sie müssen mit dem Teufel im Bunde sein.» Gemälde von Daniel Maclise, 1839

In «Graham's Magazine» erschien unterdessen eine umfangreiche Rezension von Henry W. Longfellows «Balladen und Gedichten» – weniger eine Kritik zu Longfellows Dichtung als eine Darlegung der Poe'schen Dichtungstheorie. Noch bemerkenswerter als seine Rezensionen waren zu dieser Zeit seine Erzählungen, die immer auch um seine Situation, um Virginia, die geliebte, todkranke Frau und die Kunst kreisten. Im April erscheint in «Graham's Magazine» die Geschichte *Das ovale Portrait*, *Life in Death* (*The Oval Portrait*). Der Erzähler sucht wegen einer Erkrankung Zuflucht in einem verlassenen Schloss. In einem der Gemächer entdeckt er das Porträt eines jungen Mädchens, von dem er sich magisch angezogen fühlt. Das Geheimnis dieser Anziehung enthüllt sich ihm in einem Buch: Die Porträtierte, eine Frau von seltener Schönheit, war unglücklich mit einem Maler verheiratet, der schon eine andere «Braut» hatte, seine Kunst. Für den Maler ist die Kunst leidenschaftliche Hingabe, für die Frau wird sie zur Rivalin. Der Maler will zwischen beiden Bräuten eine Verbindung herstellen und fertigt dieses Porträt seiner Frau an. Besessen von dem Gedanken, im Kunstwerk eine *absolute Lebensähnlichkeit des Ausdrucks*[169] zu erreichen, und völlig fixiert auf seine Arbeit, merkt er nicht, wie seine Frau erkrankt und dahinsiecht. Während das Bild an Lebhaftigkeit und Ausdrucksstärke gewinnt, verliert die Frau an Vitalität. Am Ende ruft der Maler aus: *Wahrlich, das ist das Leben selbst!*[170] Er blickt sich um zu seiner Frau – *Sie war tot!* Schöpfung und Zerstörung in unmittelbarem Zusammenhang, zwischen der Frau und dem Kunstwerk findet eine Transfusion statt, die das Modell am Ende aufzehrt. Poe beschreibt die Unvereinbarkeit von Kunst und Leben, mehr noch aber beschreibt er den Triumph der Kunst über den Tod.

Einen Monat später erscheint eine Geschichte, die schon im Titel auf Virginias Bluthusten anzuspielen scheint, denn da ist vom *roten Tod* die Rede. Doch im Hintergrund von *The Masque of the Red Death* (*Die Maske des Roten Todes*) steht die Choleraepidemie in Baltimore von 1831, die Poe selbst erlebt hat. *Der «Rote Tod» hatt' lang das Land verherrt*[171] – so der Beginn der Geschichte. Trotz der Verheerungen will sich Prinz Prospero in seiner Lebenslust nicht stören lassen. Um jedes Risiko einer Infektion auszuschließen, hat er sein Schloss mit mächtigen Mauern umgeben. Unerschrocken setzt er einen Maskenball von großer Pracht an. Das Fest findet in den sieben bizarr ausgestatteten Gemächern des Palastes statt, die so angeordnet sind, dass man sie nicht auf einen Blick einsehen kann. Wandbehänge und Tapeten stimmen bei allen überein; nur im letzten Gemach sind die Scheiben scharlachrot, der Fensterbehang düster, und ein flackernder Feuerschein bringt die merkwürdigsten Lichteffekte an den Wänden hervor. Eine gigantische Standuhr aus Ebenholz findet sich in diesem Zimmer – ihr Stundenschlag ist so mächtig, dass das Orchester jedes Mal einen Moment lang angstbleich innehält. Als die Uhr zur mitternächtlichen Stunde schlägt, wird die beklemmende Unterbrechung des bunten Treibens in besonderer Weise spürbar. Man hält inne, und noch bevor der zwölfte Schlag verklungen ist, hat es sich herumgesprochen, dass eine fremde Gestalt unter den Gästen sei. Der Fremde hat die Maske des Roten Todes gewählt; die Verkleidung wird als Provokation empfunden – Prospero befiehlt die Festnahme. Der Fremde schreitet jedoch ungehindert auf das siebte Gemach zu, und niemand wagt, sich ihm in den Weg zu stellen. Rasend stürzt Prospero mit einem Dolch dem Fremden nach, doch der wendet sich nur um, und mit einem grellen Schrei fällt der Prinz tot zu Boden. Die anderen Gäste versuchen den Fremden zu demaskieren, doch hinter der Maske steckt keine greifbare Gestalt – es war der Rote Tod. Poes Botschaft ist eindeutig: Was der Mensch auch versucht, wie schlau er es auch anstellt, er entkommt seinem Schicksal nicht.

Die Erzählung spiegelt Poes Stimmung wider. Im Frühjahr machte er eine schlechte Phase durch. Er kam nur noch unregelmäßig in die Redaktion. Graham zog die Notbremse und stellte Rufus Wilmot Griswold als Chefredakteur ein. Für Poe begann nun eine lange Depression, nur zeitweise konnte er seine Niedergeschlagenheit überwinden und zum Schreiben zurückfinden. Im Sommer begann er mit der erwähnten Fortsetzung zum Doppelmord in der Rue Morgue: *The Mystery of Marie Rogêt*. Die erste Geschichte um den Meisterdetektiv Dupin war so gut angekommen, dass er sich Hoffnung machte, einen weiteren Erfolg zu landen. Überdies hatte er sich einen besonderen Clou ausgedacht, er wollte einen noch unaufgeklärten Kriminalfall, der vor einiger Zeit durch die New Yorker Presse ging, zum Thema machen. Es war der Mord an Mary Cecilie Rogers, einer Angestellten in einem Tabakwarenladen. Poe verlegt die Handlung nach Paris, nennt das Mordopfer Marie Rogêt und setzt sich selbst die Maske von Dupin auf. Mit großer Akribie beginnt er in detektivischer Manier den Fall aufzuarbeiten; er geht alle Fakten durch, studiert Zeitungsberichte und Zeugenaussagen, am Ende legt er eine Theorie vor, die den Mord erklären soll. Poe glaubte, den Fall gelöst zu haben. Zwei Jahre später muss er erfahren, dass Mary Rogers möglicherweise gar nicht ermordet worden war, sondern an einer Abtreibung starb. Poe hatte auf die Wirkung realer Fakten gesetzt, die er dem Leser möglichst getreu und umfassend präsentieren wollte; er war einigermaßen stolz auf seine Nachforschungen, aber die Anwendung literarischer Imagination auf einen realen Kriminalfall tat zumindest der Literatur nicht gut. Für die umfangreiche Erzählung ließ sich nur schwer ein Verlag finden, schließlich erklärte sich die New Yorker «Snowden's Ladie's Companion» zum Abdruck in drei Fortsetzungen bereit. Im Herbst 1842 erschien in diesem Blatt bereits die Erzählung *The Landscape Garden*. Eigentlich handelt es sich dabei um eine Abhandlung über die künstlerische Gestaltung von Landschaftsgärten. In *Domain of Arnheim* (1847) und *Landor's Cottage* (1849) greift Poe dieses Thema erneut auf und entwirft eine Landschaftsvision, in der die Natur zum Objekt eines künstlerischen Gestaltungswillens wird. Nicht von ungefähr denkt Poe in dieser Zeit der persönlichen Krise verstärkt über die menschliche Existenz nach; dabei kreist er um die prägende Grunderfahrung des modernen Subjekts, die Bedrohung durch abstrakte Macht- und Gewaltstrukturen, das Ausgeliefertsein und die traumatische Vernichtungsangst.

BÖSE ZEITEN

Ich war geschwächt und krank – zum Tode krank von all der langen Qual; und als man mir schließlich die Fesseln abnahm und ich mich setzen durfte, spürte ich, daß mir die Sinne schwanden. Das Urteil – der gefürchtete Todesspruch – war das letzte, was noch bestimmt umrissen meine Ohren erreichte.[172] Der Icherzähler aus *The Pit and the Pendulum* (*Die Grube und das Pendel*), von der Inquisition in Toledo zum Tode verurteilt, fällt in Ohnmacht und erwacht in einem Verlies, ganz allmählich kommt er zu sich und versucht sich zu orientieren. Die schlimmsten Ahnungen bestätigen sich ihm, als er die Augen aufreißt und sich von stockdunkler Nacht umgeben sieht, augenblicklich befallen ihn grauenhafte Ängste des Lebendigbegraben-Seins. Langsam erfasst der Verurteilte sein Schicksal, kein schneller Tod ist ihm zugedacht, sondern ein immer wieder hinausgezögertes Ende, bei dem er größte Schrecken und geistige Martern erleiden soll. Seine sadistischen Peiniger, die unsichtbar bleiben, wenden immer neue Mittel an, um ihn in Angst zu versetzen. Irgendwann fällt er in einen todesähnlichen Schlaf. Als er erwacht, hat man ihn auf einen Holzrahmen gefesselt, neben ihm steht eine Schüssel mit Fleisch, das ihn ungeheuer durstig macht. Und als er an die Decke schaut, sieht er eine Stahlklinge, die sich in langsamen Pendelbewegungen auf ihn herabsenkt. Er nimmt Geräusche wahr, große Ratten huschen über den Boden. Der Verurteilte glaubt, wahnsinnig zu werden, fällt in Bewusstlosigkeit und erwacht wieder. Er zwingt sich nun, über die Situation nachzusinnen, und fragt sich, warum seine Nerven erzittern, sein Leib erschaudert. *Es war die Hoffnung – die Hoffnung, die noch über die Folter triumphiert.*[173] Nur wenn man diese Hoffnung beiseite schiebt und wieder zu denken beginnt, gibt es einen Ausweg. Nach einiger Zeit kommt ihm die rettende Idee: Mit der freien Hand nimmt er die letzten Fleischreste, über die sich schon die Ratten hergemacht haben, reibt damit seine Fesseln ein und legt sich ruhig zurück, die Ratten schnuppern zunächst an den Fesseln, dann nagen sie die Stricke durch. Für den Moment ist er frei. Gleich darauf beginnen jedoch die eisernen Wände seiner Zelle zu glühen. Die Hitze treibt ihn in die Mitte, wo sich eine tiefe Grube befindet. Immer näher wird er an die Kante zum Abgrund gedrängt, im letzten Augenblick kommt die Rettung von außen: Toledo wird erobert und die Herrschaft der Inquisition ist beendet.

Das laborhafte Durchspielen von Extremsituationen, in denen es um Leben und Tod geht, erfreute sich in der amerikanischen Literatur einer besonderen Beliebtheit. Beim Schreiben von *The Pit and the Pendulum* konnte Poe darum auf einige literarische Vorbilder zurückgreifen. Einer der wichtigsten Quellen, die er wahrscheinlich benutzt hat, war der Briefroman «Edgar Huntly» (1799) von Charles Brockden Brown. Hier findet sich das Motiv des Eingesperrtseins in einer Grube, die zum Ort eines schrecklichen Martyriums wird. Wichtig für Poe war vermutlich auch William Mudfords «The Iron Shroud»; in dieser Erzählung findet sich der Held in einem Gefängnis eingesperrt, dessen Wände immer näher rücken. Bemerkenswert an Poes Geschichte ist die gelingende Selbstbehauptung. Anders als in *The Masque of the Red Death* wird in *The Pit and the Pendulum* der Tod nicht zur unausweichlichen Macht, gegen die es keine Rettung gibt; der Verstand, so die Botschaft, kann den Schrecken, die Todesangst, besiegen.

Das Jahr 1843 war für Poe erfüllt von großen Hoffnungen und schweren Niederschlägen. In der Umgebung Philadelphias hatte er sich ein neues Domizil gesucht, ein Landhäuschen mit kleinem Garten, zwischen sanften Hügeln idyllisch gelegen. Poe hoffte auf bessere Zeiten. Die Anzeichen für eine Wende zum Besseren standen zunächst auch gar nicht so schlecht. Der Verleger Thomas Cottrell Clarke, der in Philadelphia die Wochenzeitschrift «Saturday Museum» herausgab, stellte Poe als stellvertretenden Chefredakteur ein. Poe nutzte die Verbindung und überzeugte Clarke von seinem eigenen Zeitschriftenprojekt: *The Stylus* sollte die Publikation heißen. Schon am 31. Januar war der Vertrag mit Clarke perfekt. In den nächsten Wochen wurden alle Vorbereitungen getroffen, die erste Nummer sollte im Juli 1843 vorliegen. Ende Februar erschien im «Saturday Museum» eine Ankündigung der Zeitschrift, mit der vor allem auch der Mann an der Spitze vorgestellt werden sollte, Edgar Allan Poe. Ein Werbetext, der natürlich mehr Dichtung als Wahrheit enthielt. Doch er erfüllte seinen Zweck: Poe hatte sich ins Gespräch gebracht und auf die lite-

Poes neues Domizil in der Spring Garden Street, Philadelphia

rarische Bühne zurückgemeldet. Das wurde auch durch eine Erzählung unterstrichen, die im Januar erschien: *The Tell-Tale Heart.*

Poe selbst war von dieser Erzählung ganz besonders überzeugt, und die Forschung hat ihm Recht gegeben. *The Tell-Tale Heart* (*Das verräterische Herz*) gilt allgemein als gelungenes Beispiel seiner Theorie der Kurzgeschichte.[174] Konzis in der Komposition und mit großer Suggestivität geschrieben. Es geht um die Selbstenthüllung eines wahnsinnigen Icherzählers, der von sich behauptet, weder krank noch verrückt zu sein, und der sich völlig vernünftig darstellt. Der Wahnsinn steht in Poes Geschichte nicht dem Verstandesdenken gegenüber, er ist nicht das andere der Rationalität, kein Zustand der Verwirrung, er ist eine eigentümliche Spielart der Logik, die sich nur als pervers bezeichnen lässt. Der Icherzähler, ein junger Mann, hält ein Plädoyer in eigener Sache und richtet es an ein imaginäres Gegenüber: *Wahrhaftig! – reizbar – sehr, fürchterlich reizbar warn meine Nerven gewesen, und sie sind es noch; doch warum meinen Sie, ich sei verrückt?*[175] Poe erweist sich hier wieder einmal als ein Meister der Anfänge, sofort ist der Leser im Geschehen, er wird zum Zeugen gemacht und in die Denkstrukturen hineingezogen. Der junge Mann schildert im Weiteren, wie er den Entschluss fasste, einen alten Mann, mit dem er in einer Wohnung zusammenlebte, zu töten, und mit welcher Präzision er dabei vorging. Es gab eigentlich keinen Grund, den alten Mann zu ermorden, nur dessen verunstaltetes Auge gefiel ihm nicht. Nach der Tat zerstückelte er den Leichnam und versteckte ihn unter den Dielen. Als die Polizei Nachforschungen anstellt, ist der junge Mann nicht im Geringsten verunsichert. Im Gegenteil, er empfängt die Polizisten in bester Stimmung, und um seinen Triumph zu genießen, geht er mit ihnen in das Mordzimmer. Während er sich gelassen mit den Polizisten unterhält, hört er plötzlich das Herz des Ermordeten schlagen, immer heftiger wird das Pochen, er kann kaum noch dagegen anreden und ist schließlich davon überzeugt, das Pochen verrate ihn – lauthals gesteht er die Tat.

The Tell-Tale Heart steht in engem thematischen Zusammenhang mit der Erzählung *The Black Cat* (*Der schwarze Kater*), die ein halbes Jahr später veröffentlicht wurde. In der Kurzgeschichte geht es wieder um den *Geist der Perversheit*[176]. Die Anmerkungen dazu nehmen bereits vieles vorweg, was 1845 in der Erzählung *The Imp of the Perverse* ausführlich zur Sprache kommt, *die Perversheit* als *einer der Urantriebe des menschlichen Herzens – eine der unteilbaren Grundfähigkeiten oder -empfindungen, welche dem Charakter des Menschen Richtung geben*[177]. *Wer*, so fragt in *The Black Cat* der Icherzähler, *hat sich nicht schon hundertmal dabei ertappt, daß er eine niederträchtige oder törichte Tat aus keinem andern Grunde beging denn aus dem Bewußtsein, daß sie ihm verboten sei?*[178] Auch in dieser Geschichte steht der Erzähler unter Geständniszwang, er will seinem imaginären Gegenüber erklären, wie es zu den schauerlichen Taten kam, die er begangen hat. Eines stellt er dabei von Anfang an klar, *toll bin ich gewiß nicht – und gewiß auch träum' ich nicht*[179]. Ansonsten soll der Leser sich den grauenvollen Bericht anhören und seine Schlussfolgerungen ziehen. Der Erzähler schildert zunächst sein inniges Verhältnis zu Haustieren, besonders lieb ist ihm sein schwarzer Kater. Mehrere Jahre lebte er mit diesem Tier in enger Freundschaft, bis sich das Verhältnis änderte; der Erzähler verfällt dem Alkohol, wird immer jähzorniger und unbeherrschter. Eines Nachts sticht er seinem Kater im Rausch ein Auge aus. Er erhängt ihn wenig später, um nicht mehr an seine Untat erinnert zu werden. In der folgenden Nacht brennt das Haus ab, allein eine Wand mit dem Relief einer erhängten Katze bleibt stehen. Kurz darauf bringt der Erzähler aus dem Wirtshaus einen schwarzen Kater mit, der dem ersten ungemein ähnelt. Es dau-

Die legendäre Verfilmung von «The Black Cat» mit Boris Karloff und Bela Lugosi, 1934

ert nicht lange und er beginnt, sich vor dem Kater zu fürchten, der ihn an sein Verbrechen erinnert. Als er das Tier mit einer Axt umbringen will, geht seine Frau dazwischen und wird tödlich getroffen – der Kater kann entkommen. Die Leiche der Frau mauert er im Keller ein. Nach vier Tagen kommt die Polizei und stellt Ermittlungen an. Der Erzähler führt die Beamten durch das Haus und zeigt ihnen auch triumphierend den Keller, der keine Spuren des Verbrechens zeigt. Als die Polizisten gerade gehen wollen, wird im Erzähler der *Geist der Perversheit* wach, der sich nun selbstzerstörerisch gegen sein eigenes Ich wendet. Ohne es zu wollen, beginnt er das Geschehen zu enthüllen, sich selbst zu verraten. Hinter einer Mauer findet man die Leiche der Frau, und auf ihrem Kopf sitzt der schwarze Kater. Der Selbstverrat zeigt, dass dem Erzähler keine Autonomie zukommt, er ist von Zwangsdenken beherrscht, das er auch um den Preis seiner eigenen Vernichtung nicht kontrollieren kann. Radikaler noch als Sigmund Freud im zwanzigsten Jahrhundert beschreibt Poe einen Menschen, der von seiner Triebnatur, von seinen Interessen an der Selbsterhaltung abgetrennt ist und sich nur in der Vernichtung bestätigen kann.

Der *Geist der Perversheit*, sagt Poe in der Erzählung *The Imp of the Perverse*, herrscht zuweilen so mächtig in uns, dass wir gegen unsere Vernunft, ja, gegen unsere ureigensten Interessen und unser Wohlbefinden handeln, wir tun nicht nur das Unrechte, sondern untergraben unsere eigenen Ziele und Wünsche. Es war wohl auch ein Stück Selbstbeobachtung, das der Autor in diese Erzählung einfließen ließ. Im März 1843 fährt Poe nach Washington, er will einen Vortrag halten und Subskribenten für den *Stylus* werben. In einem Hotel der Stadt haben sich einige Persönlichkeiten des literarischen Lebens versammelt, um den Schriftsteller zu begrüßen, es wird kräftig getrunken, Poe kann sich nicht bremsen, und schon bald fällt er aus der Rolle und verursacht singend und lallend einen kleinen, unbedeutsamen Skandal, der sich schnell herumspricht. Clarke, dem Poes Ausfall zugetragen wird, kündigt ihm im Mai den Vertrag. Damit war er seine Stelle beim «Saturday Museum» los, und auch seine Zeitschriftenträume waren wieder einmal zerplatzt. Unsanft landete

Poe auf dem Boden – um sich wie ein Stehaufmännchen sogleich wieder aufzurichten.

Für die erste Nummer des *Stylus* hatte Poe sich etwas Besonderes ausgedacht, eine Erzählung, die dem Muster der Detektivgeschichten folgte, in der aber nicht ein Meisterdetektiv vom Schlage Dupin auftrat und in der auch keine mysteriösen Morde oder gar wirklichen Kriminalfälle im Mittelpunkt standen, die das Ambiente von Paris brauchten. Die im Juni 1843 veröffentlichte Erzählung *The Gold Bug (Der Goldkäfer)* ist auf einer kleinen Insel in der Nähe von Charleston angesiedelt. Der Held, William Legrand, hat nicht den pompösen Familienhintergrund, wie sonst bei Poe üblich, er stammt aus einer angesehenen Südstaatenfamilie, war einst begütert, lebt mittlerweile aber bescheiden und zurückgezogen. Es geht um eine Schatzsuche; durch eine geschickte Erzählstrategie werden dem Leser dabei allerhand Merkwürdigkeiten präsentiert, die dann Stück für Stück offen gelegt werden. Der Erzähler will nach vielen Wochen seinen Freund Legrand besuchen, als der sich mit seinem schwarzen Diener Jupiter auf einem Spaziergang befindet. Am Abend kommen sie zurück, und Legrand, ein Insektensammler, erzählt von einem goldglänzenden Käfer, den er gefunden habe, einen Skarabäus. Legrand macht dabei einen merkwürdig erregten Eindruck und spricht in rätselhaften Andeutungen. Eines Nachts machen die drei eine Exkursion, mit Hilfe des Käfers und unter Anleitung Legrands finden sie einen Schatz. Legrand erklärt den ungläubig Staunenden, dass es sich um den Piratenschatz handeln müsse, den der legendäre Kapitän Kidd Ende des siebzehnten Jahrhunderts hier vergraben haben solle. Bis zu diesem Punkt besteht die Geschichte aus einer Anhäufung von mysteriösen Ereignissen. Im zweiten Teil klärt Legrand die Ungereimtheiten auf. Eine wesentliche Rolle spielt dabei die Dechiffrierung einer Geheimschrift. Legrand muss nun jedoch zugeben, dass Verstandesarbeit allein nicht weitergeholfen habe. Vorahnungen hätten ihn bei der Schatzsuche bestimmt und *vielleicht,* so Legrand, *war es letzten Endes mehr Wunsch als wirklicher Glaube*[180], der zum Ziel geführt habe.

Poe gewann mit *The Gold Bug* den von der Tageszeitung «Dollar Newspaper» ausgeschriebenen Preis für die beste Kurzgeschichte. Die Kritik war begeistert, gleich mehrere Zeitungen druckten die Geschichte nach. Im August wurde in Philadelphia sogar ein gleichnamiges Bühnenstück aufgeführt. Keine andere Erzählung Poes erreichte zu seinen Lebzeiten einen solchen Bekanntheitsgrad. Mit *The Gold Bug* hatte Poe den lang ersehnten Erfolg – vielleicht weil diese Geschichte nicht im schauerromantischen Milieu spielt und weder halb tote Frauen noch grauenhafte Ereignisse eine Rolle spielen. Das Preisgeld von 100 Dollar verschafft Poe etwas Luft bis zum Frühjahr 1844. Vergebens versucht Poe mit *A Tale of the Ragged Mountains* an den Erfolg anzuknüpfen, einer phantastischen Doppelgängergeschichte mit Bezug auf die Ideen Franz Anton Mesmers. Rein zufällig lernt der Erzähler Mr. Bedloe kennen, einen jungen Mann mit einem auffälligen Äußeren. Sein Gesichtsausdruck erinnert an einen exhumierten Leichnam, in Wirklichkeit leidet er an einer Gesichtsneuralgie, die er bei Doktor Templeton, einem überzeugten Anhänger Mesmers, behandeln lässt. Der Rapport zwischen Templeton und Bedloe ist so stark, dass der Arzt den Patienten in Schlaf versetzen und seine Schmerzen lindern kann. Als zusätzliches Schmerzmittel nimmt Bedloe jeden Tag eine Dosis Morphium. Derart präpariert bricht Bedloe in den nebligen Tagen des Novembers in die Ragged Mountains auf. Spätabends kommt er wieder und berichtet von merkwürdigen Ereignissen: Um neun Uhr habe er

Franz Anton Mesmer (1734–1815), dessen Vorform der Hypnosetherapie zahlreiche Erzählungen Poes beeinflusste. Kreidelithographie von Petraud, um 1830, nach zeitgenössischem Bildnis

Charlottesville verlassen, eine Stunde später sei er im dichten Nebel in eine ihm unbekannte Schlucht geraten. Ein dunkelgesichtiger, halb nackter Mann sei an ihm vorübergestürzt und eine Hyäne sei ihm gefolgt. Zuerst habe er diese Erscheinungen auf Halluzinationen infolge des Morphiums zurückgeführt, aber alle seine Sinne hätten tadellos funktioniert. Plötzlich sei ein Windstoß gekommen, der Nebel habe sich gelichtet, und eine prächtige orientalische Stadt sei zum Vorschein gekommen. Kurz darauf sei er in einen Straßenkampf geraten und durch einen vergifteten Pfeil in die Schläfe getroffen und getötet worden. Bedloe war davon überzeugt, dass es sich weder um ein reales Abenteuer noch um einen Traum handelte. Doktor Templeton stimmt dem zu, allerdings sei es schwierig, das Phänomen zu bezeichnen. Der Doktor holt zur Erklärung ein Aquarell, es ist ein Porträt aus dem Jahre 1780 und zeigt Templetons toten Freund Mr. Oldeb, der Bedloe verblüffend ähnlich sieht. Und Oldeb ist beim Aufstand in Indien unter eben denselben Umständen ums Leben gekommen, die Bedloe gerade erzählt hat. Als er vor Jahren Bedloe zufällig begegnet sei, so Templeton, habe die große Ähnlichkeit mit seinem toten Freund ihn bewogen, ihn näher kennen zu lernen und seine Behandlung zu übernehmen. An diesem Morgen nun habe er genau die Begebenheiten beschrieben, die Oldeb widerfahren waren. Die Erlebnisse sind nichts anderes als der Rapport zwischen Arzt und Patient. Damit ist die Geschichte nicht zu Ende: Eine Woche später stirbt Bedloe an einem vergifteten Wurm, den ihm sein Arzt versehentlich anstelle eines Blutegels an die Schläfen gesetzt hat. In der Todesanzeige wird der Name falsch gedruckt, Bedlo ohne e, was aber ist das anderes, fragt sich der Erzähler, als ein *umgekehrtes Oldeb?*[181] Als *A Tale of the Ragged Mountains* im April 1844 in «Godey's Lady's Book»

> Henry F. Ellenberger berichtet von einem Fall, der sich 1787 in Deutschland zugetragen haben soll und den Poe als Vorbild hätte nehmen können, wenn er ihn gekannt hätte, was nicht anzunehmen ist: «Großes Aufsehen erregte der Fall einer 23jährigen jungen Dame, die in der kleinen Stadt Rastatt in Baden lebte und im magnetischen Schlaf die Geheimnisse der menschlichen Seele, der sieben Stufen des magnetischen Schlafs, der Natur und selbst die Geheimnisse Gottes und der Dreieinigkeit erklärte.»
> Die Entdeckung des Unbewußten, 1973

erschien, hatte Poe bereits seine Koffer gepackt, zusammen mit Virginia – und zunächst ohne Mrs. Clemm – machte er sich auf nach New York.

Aufstieg und tiefer Fall

Am 7. April 1844 schreibt Poe an Mrs. Clemm: *Meine liebe Muddy, just in diesem Augenblick sind wir mit dem Frühstück fertig, und so setze ich mich nun hin, Dir über alles zu berichten.*[182] Ausführlich schildert er all die Widrigkeiten, die sich auf einer Reise ergeben können, wenn man kein Geld hat und irgendwie durchkommen muss. Es sei aber alles gut gegangen, man habe eine billige Pension gefunden und auch endlich einmal etwas gegessen. *Virginia ist entzückt, und wir sind beide exzellenter Laune*[183]. Auch als Autor hatte Poe einen guten Start in New York. Schon am 13. April erschien die Erzählung *The Balloon Hoax* (*Der Ballon-Jux*) als Sondernummer des «New York Sun». Im Stil eines Tatsachenberichts schreibt Poe über eine fiktive erste Ballonüberquerung des Atlantiks. Das Ganze war von ihm so geschickt aufbereitet, dass die Leserschaft am Wahrheitsgehalt keinen Zweifel hatte. Es bedurfte einiger Mühe, die Sache richtig zu stellen und die Leser zu beruhigen. Poe amüsierte sich köstlich und kassierte ein schönes Honorar. Er schrieb nun weitere Zeitungsartikel, harmlose Geschichten, die verkäuflich waren. Schon bald konnte man ein Zimmer für Mrs. Clemm in der Pension mieten. Natürlich versuchte Poe auch wieder, mit literarischen Werken Fuß zu fassen. Große Erfolge konnte er dabei nicht verzeichnen: Im Juli erschien *The Premature Burial* (*Das vorzeitige Begräbnis*). Eine erneute Thematisierung von Poes immer wieder artikulierter Urangst vor dem Lebendig-begraben-Sein. Die spirituellen Auffassungen Poes über Tod und Wiedergeburt werden einen Monat später in *Mesmeric Revelation* (*Mesmerische Offenbarung*) veröffentlicht. Hier wird nach den Methoden Mesmers ein Patient experimentell in Hypnose versetzt, um etwas über die Unsterblichkeit der Seele in Erfahrung zu bringen. Poe stellt den Dialog zwischen Hypnotiseur und Medium nach; die anfänglichen Widerstände sind bald überwunden, der Rapport gelingt und das Medium gibt bereitwillig Auskunft. Poes lyrisches Schaffen war zu dieser Zeit

Poe um 1844, Stahlstich von Thomas B. Welch und
Adam B. Walter, veröffentlicht in «Graham's Magazine»
im Februar 1845

ganz in den Hintergrund geraten, er schrieb nur noch selten Gedichte. Eines dieser seltenen Stücke erschien im Juni 1844 in «Graham's Lady's and Gentleman's Magazine»: *Dream-Land*. Mit den Themen Traum, Einsamkeit und Tod bezieht sich Poe auf seine früheren Gedichte, der Ton ist jedoch ein ganz eigener: *Wege, einsam und voll Grausen, / wo nur böse Engel hausen, / wo ein Eidolon DIE NACHT / hoch auf schwarzem Throne wacht, / führten jüngst in diese Lande / mich von Thules düsterm Rande – / das da wild und weit erhaben leit / fern dem RAUM – fern der ZEIT.*[184]

So beginnt *Dream-Land*. Das Gedicht fängt die Stimmung ein, die Poe in dieser Zeit umgibt. Das bestätigt auch ein aufschlussreicher Brief an den Schriftsteller James R. Lowell vom 2. Juli 1844. Lowell hatte sich bereit erklärt, ein biographisches Porträt von Poe zu schreiben, und bat den Autor um einige persönliche Informationen. Poe bietet weniger Daten und Fakten als Stimmungen und Lebenshaltungen: *Es gibt Zeiten*, schreibt er an Lowell, *wo mir jede Art von geistiger Tätigkeit eine Qual ist und wo mir nichts Vergnügen macht als einsames Verbundensein mit «den Bergen und den Wäldern» – den «Altären» Byrons. Ich habe auf diese Weise schon ganze Monate verwandert und verträumt, um schließlich dann zu einer Art manischer Schaffenslust zu erwachen. Dann kritzle ich den ganzen Tag und lese die ganze Nacht, solange der Anfall dauert. […] Ich bin nicht ehrgeizig – es sei denn im negativen Sinne. Hin und wieder fühle ich mich aufgestachelt, einen Narren auszustechen, bloß weil es mir verhaßt ist, daß ein Narr sich einbildet, er könnte mir überlegen sein. […] Ich glaube nicht an die menschliche Vervollkommnungsfähigkeit. Ich meine nicht, daß menschliche Anstrengung irgend einen bestimmbaren Effekt für die Menschheit haben wird. Der Mensch ist heute nur aktiver geworden – aber nicht glücklicher – nicht weiser, als er's vor 6000 Jahren war.*[185] Poe reflektiert über Geist und Materie, über die verschiedenen Existenzformen des Menschen und zieht am Ende eine sehr persönliche Bilanz: *Mein Leben ist eine Grille gewesen – Impuls – Leidenschaft – Sehnsucht nach Einsamkeit – Verachtung aller gegenwärtigen Dinge, bei ernstestem Verlangen nach der Zukunft.*[186]

Aus dem Brief geht auch hervor, dass Poe bereits eine ganze Reihe noch unveröffentlichter Texten geschrieben hatte. Darunter die Erzählungen: *The Oblong Box*, «*Thou Art the Man!*» und die Detektivgeschichte *The Purloined Letter*, die Poe in dem Brief an Lowell als *die vielleicht beste meiner auf logischer Deduktion aufgebauten Geschichten*[187] ankündigt. In der Erzählung geht es um einen scheinbar einfach anmutenden Kriminalfall: Ein Brief kompromittierenden Inhalts ist aus den königlichen Gemächern in Paris entwendet worden. Eine Person von allerhöchstem Stande, möglicherweise die Königin selbst, vermisst diesen Brief. Die beraubte Persönlichkeit kennt den Täter, es ist der Minister D., der im Zimmer war und den Brief offen auf dem Tisch liegen sah. Minister D. hat sofort die Bedeutung des Briefes erkannt, und in einer geschickten Transaktion tauscht er den kompromittierenden Brief gegen ein ähnlich aussehendes Schreiben aus seiner Mappe ein. Die hoch gestellte Persönlichkeit befürchtet, mit den intimen Geheimnissen erpresst zu werden, und wendet sich an den Polizeipräfekten Monsieur G. Der Präfekt durchsucht während der Abwesenheit des Ministers mit seinen Leuten alle Zimmer seiner Residenz, doch der Brief bleibt unauffindbar. Als Monsieur G. nicht mehr weiterweiß, offenbart er sich dem Meisterdetektiv Dupin. Und Dupin weiß natürlich Rat: Die Polizei versage, weil sie sich nicht intellektuell mit dem Gegner identifiziere. Im Übrigen aber könne die Einfachheit einer Sache auch den Blick trüben. Diese These sieht Dupin bestätigt, als er unter einem Vorwand Minister D. aufsucht und den entwendeten Brief in einer Ablage bemerkt. Die übereifrigen Beamten hatten nach einem besonders ausgeklügelten Versteck gesucht und dabei den offen daliegenden Brief prompt übersehen. Bei einem zweiten Besuch handelt Dupin genauso wie der Minister, er tauscht den entwendeten Brief unbemerkt gegen einen anderen, ähnlich aussehenden aus. Und da er mit dem ihm wohl bekannten Minister D. noch eine Rechnung offen hat, beschriftet er die Innenseite des gefälschten Briefes mit einem Zitat, das auf Rache und Triumph anspielt. Dupins Einfühlungsvermögen ist bei der Lösung des Falles im Grunde gar nicht gefragt, denn der Meisterdetektiv erscheint in allem als das Doppel des Ministers, er denkt wie sein Kontrahent und teilt auch seine Vorlieben (Poesie und Mathematik). Daniel Hoffman sieht in Dupin sogar einen unmittelbar

Betroffenen, der den Liebesbrief möglicherweise selbst geschrieben hat.[188] Im zwanzigsten Jahrhundert häuften sich die psychoanalytisch inspirierten Interpretationen; auch weil schon die Erzählung selbst eine Verquickung von literarischem und analytischem Diskurs nahe legt – der Meisterdetektiv als verkappter Analytiker. Die wohl einflussreichste Interpretation stammt aus dem Jahre 1955 von dem Psychoanalytiker Jacques Lacan.[189] Lacan versucht, das Geflecht von Täuschungen und intersubjektiven Verwicklungen auseinander zu legen und das Zusammenwirken des Symbolischen und des Imaginären zu bestimmen. Zum entscheidenden Medium wird für Lacan der Brief, der die Realitäten konstituiert und die Personen aufeinander bezieht. Der Brief ist das «im Reinzustand verschiebende Symbol, an das man nicht rühren kann, ohne sogleich in ein Spiel hineingezogen zu werden». Für jeden Akteur ist «der Brief sein Unbewusstes».[190] Lacan macht in der Geschichte einen Wiederholungszwang aus, dem alle Inszenierungen der Subjekte unterworfen sind, ihre Handlungen und Verblendungen folgen der Verschiebung des Signifikanten, der als das eigentliche Subjekt der Erzählung fungiert, zugleich aber in seiner Materialität eine Leerstelle bildet, das Symbol einer Abwesenheit. Lacans Lektüre wurde zum Ausgangspunkt für eine Reihe von Interpretationen, in denen nicht mehr – wie etwa noch bei Marie Bonaparte – auf die Psychoanalyse des Autors abgezielt wird. In kritischer Auseinandersetzung mit Lacan hat Jacques Derrida den Unterschied in der Betrachtungsweise pointiert, es gehe nicht darum, das Unbewusste des Autors zu analysieren, sondern das des Textes. Derrida lenkt in seiner Analyse von Poes *The Purloined Letter* den Blick auf die Bedeutung des Briefes. Während Lacan die Bedeutung des Briefes vom Inhalt trennt, beharrt Derrida darauf, dass die bestimmte Bedeutung des Briefes der Springpunkt der Geschichte sei. Hätte der Brief diese Bedeutung nicht, keiner müsste solch Angst vor ihm haben.[191]

Poe hatte diese Erzählungen im Sommer 1844 fertig gestellt, doch er fand nur sehr schwer Abnehmer – schon gar nicht in New York. In dieser Hinsicht bedeutete die Stadt wiederum eine Enttäuschung. Als Poe in den Sommermonaten außerhalb New

Yorks, in der Nähe des Hudson River das schöne Landhaus der Familie Brennan entdeckte, nahm er allen Mut zusammen, klopfte an die Tür und fragte, ob er in diesem Haus nicht drei Zimmer mieten könne. Die Brennans wollten eigentlich nicht untervermieten, aber Poe konnte sie überzeugen. Bald darauf zog man ein – und da Poe mit seinen journalistischen Arbeiten etwas Geld verdiente, genoss man das Landleben. Auf Poes schöpferischen Genius übte das Ambiente die besten Wirkungen aus. Endlich fand er die nötige Ruhe, um ein Motiv auszuarbeiten, das ihm schon lange durch den Kopf ging, ein Gedicht, mit dem er wenige Monate später Furore machen sollte: *The Raven*. In *The Philosophy of Composition* wird Poe 1846 eine retrospektive Deutung des Schöpfungsprozesses geben: Das ganze Gedicht sei aus intellektueller Berechnung und methodischer Arbeit entstanden, diese rationalen Prinzipien hätten seine Phantasie gelenkt. So interessant die poetische Theorie auch ist, die Produktion des *Raben* vermag sie nicht zu erklären. In dem Bemühen, die Entstehung seines Gedichts zu rationalisieren, schafft Poe einen eigenen Mythos – den Autor als alles beherrschende und kalkulierende Instanz, der nicht nur einen Text formuliert, sondern auch noch seine Wirkungen mit bedenkt.

Am 29. Januar 1845 wurde *Der Rabe* zum ersten Mal im «New York Evening Mirror» abgedruckt. Der Kritiker Nathaniel P. Willis verschaffte dem Gedicht mit ein paar hymnischen Zeilen ein glänzendes Entree. Er urteilte, dass dieses Gedicht in der gesamten englischen Dichtung nicht seinesgleichen finde, und erging sich in Superlativen. Willis gab damit den Ton vor, in den seine Kollegen wenig später ebenso begeistert einstimmen sollten. *Der Rabe* wurde zu einem Medienereignis. Poe selbst hatte daran einigen Anteil, immer wieder rezitierte er den *Raben*, an dem er sich selbst und seine Zuhörer berauschte. Eine Welle des Erfolgs trug ihn zu Beginn des Jahres 1845: Im Februar erschien die angekündigte biographische Würdigung von Lowell in «Graham's Magazine», die Poes Anspruch unterstrich, der geniale Dichter und Kritiker Amerikas zu sein. Noch im selben Monat wurde er in die Chefredaktion der neu gegründeten Literaturzeitschrift «Broadway Journal» aufgenommen. Seine Kritiker waren verstummt oder mussten kleinmütig zugeben, ihn doch wohl unterschätzt zu haben. Poe triumphierte. Doch Erfolg und Geld, über das er mit einem Mal verfügte, machten ihn leichtsinnig, er nahm kein Blatt mehr vor den Mund. Wenn er Vorträge hielt über die Prinzipien der Poesie und die amerikanische Dichtung, dann trat er in der Pose des Oberlehrers auf, der über die Werke seiner Kollegen befindet und die Rangskala festlegt. Mit Vorliebe nahm er sich dabei die Größen der amerikanischen Dichtkunst vor, klopfte ihnen kräftig auf die Finger, kritisierte ihren Dilettantismus und schreckte auch vor Plagiatsvorwürfen nicht zurück. Die zuvor nur privatim geäußerten Anwürfe gegen Longfellow, dem er vorwarf, sein Gedicht *The Haunted Palace* abgekupfert zu haben, machte er nun öffentlich und inszenierte eine langatmige, immer peinlicher werdende Auseinandersetzung. Nicht nur seine Kritik, auch seine Lobeshymnen waren kaum noch nachvollziehbar. So wurde er nicht müde, das große Talent der Dichterin Frances Sargent Osgood zu preisen. Poe hatte die Dichterin persönlich kennen gelernt und begeisterte sich nicht nur an ihren Versen. Die dunkelhaarige Schönheit, gerade Anfang dreißig, faszinierte Poe vom ersten Augenblick. Und die Faszination war durchaus gegenseitig. Frances Osgood schreibt über die erste Begegnung mit dem Dichter: «Ich werde nie den Morgen vergessen, als ich von Mr. Willis in das Empfangszimmer gerufen wurde, wo er wartete. Mit seinem stolzen aufrechtschönen Kopf, seinen schwarzen Augen, in denen es von Gefühlen und Gedanken elektrisch zuckte, mit dem unnachahmlichen Charme und Stolz im Ausdruck und der Art sich zu geben, begrüßte er mich ruhig und fast kühl, mit einem so ausgeprägten Ernst dazu, daß ich nicht umhin konnte, tief beeindruckt zu sein.»[192] Auch «Fanny» Osgood war verheiratet. Wie intim der Kontakt wirklich war, darüber ist schon damals viel spekuliert und geklatscht worden.

Poe war in der Zwischenzeit mit Virginia und Maria Clemm in die Stadt zurückgezogen; es blieb ihm gar nichts anderes übrig, als Mann, der im Mittelpunkt stand und stehen wollte, musste er hier präsent sein. Nach nur wenigen Wochen hatte er diese Position jedoch erneut verspielt. Die vermeintliche Affäre mit Frances Osgood war vielleicht noch das kleinste Übel,

Frances Stillman Osgood. Gemälde von Samuel Stillman Osgood, um 1835. «Der Eindruck auf mich war so einzigartig, so von der Art einer ‹seltsam unirdischen Musik›.»

schlimmer wirkten sich die persönlichen Angriffe auf Longfellow aus und das abschätzige Gebaren, das Poe dabei an den Tag legte. Bekannte Autoren gingen auf Distanz. Davon blieb auch das «Broadway Journal» nicht unberührt, in der Reaktion brodelte es, einer der Chefredakteure schied aus, fest eingeplante Beiträge wurden zurückgezogen.

Der *Rabe* hatte Poe über Nacht in die Höhe getragen, und mit einem Sturzflug landete er nun wieder am Boden. Mit den in der Folgezeit veröffentlichten Arbeiten konnte er in keiner Weise an diesen Erfolg anknüpfen. Die im April veröffentlichte Satire *Some Words with a Mummy* (*Disput mit einer Mumie*) ist eine weitere, diesmal komische Variante zum Thema des Lebendig-begraben-Seins. Eine Mumie, die von einem kleinen Expertenteam genauer untersucht werden soll, stellt sich als höchst lebendig heraus. Vor 5050 Jahren und ein paar Monaten hatte man den ägyptischen Comte Allamistakeo versehentlich mumifiziert. Als er jetzt wieder ins Leben zurückgeholt wird, stellt er einigermaßen irritiert fest, wie wenig sich doch in der Welt geändert hat;

Edgar Allan Poe, gemalt von Samuel Stillman Osgood, um 1845

was die menschlichen Beziehungen anbetrifft, so attestiert er mehr Rückschritte als Fortschritte. In ihrer Gesellschaftskritik zeigt die Geschichte verwandte Züge mit der im November veröffentlichten Groteske *The Systems of Dr. Tarr and Prof. Fether* (*Die Methode Dr. Thaer & Prof. Fedders*). Hier ist der Erzähler auf einer Reise durch die südlichen Provinzen Frankreichs. Gegenüber seinem Reisegefährten äußert er den Wunsch, eine in der Nähe gelegene Privatirrenanstalt zu besuchen, von der ihm seine Mediziner-Freunde in Paris berichtet hatten. Der Reisegefährte macht ihn mit dem Direktor des Instituts, Monsieur Maillard, bekannt. Maillard, ein seriös wirkender Gentleman, erklärt dem Gast, dass man seit einiger Zeit nicht mehr nach der *Humanen Methode* behandle, die den Verrückten viele Freiheiten lasse. Der Besucher zeigt sich von den Ansichten konsterniert, aber Maillard beruhigt ihn und verspricht, er werde ihm das neue System nach dem Abendessen erläutern. Im Speisesaal trifft der Besucher auf die merkwürdigsten Gestalten, angebliche Mitarbeiter Maillards. Während des Essens erzählen sie von den verrückten Einbildungen der Patienten und machen sich einen Spaß daraus, diese Verrücktheiten täuschend genau nachzuspielen. Spät geht dem Besucher auf, dass die Irren die Macht in der Anstalt übernommen haben. Die Aufseher wurden nach der Methode Maillards geteert und gefedert und in die unterirdischen Gewölbe gesperrt. Am Ende befreien sich die Aufseher und gebärden sich wie Wilde, die auch den Erzähler nicht verschonen und ihm Prügel verabreichen. Die Personen und die Methoden der Machtausübung wechseln, doch die Wirkung bleibt sich gleich.

In *The Facts of M. Valdemar's Case* (*Die Tatsachen im Falle Valdemar*) nimmt Poe noch einmal das Thema der mesmerischen Hypnose auf. Der Erzähler P., ein Anhänger des Mesmerismus, will einen Menschen auf dem Sterbebett mesmerisieren. P. möchte herausfinden, welchen Einfluss die Hypnose auf den Sterbenden hat. Als geeigneter Patient für das Experiment erscheint ihm sein Freund M. Ernest Valdemar, bei dem man kürzlich eine chronische Lungenschwindsucht festgestellt hat. Valdemar lässt sich mesmerisieren und fällt in eine Art Trance. Körperlich scheint er tot zu sein – keine Atmung, kein Puls –, wenn ihm allerdings eine Frage gestellt wird, vibriert die Zunge. Darin bestätigt sich für P. der fortdauernde Einfluss der mesmerischen Hypnose, die den Sterbenden zwangsweise am Leben hält. Ein Indiz dafür scheint auch zu sein, dass sich am Körper keine Verfallsprozesse zeigen. Nach sieben Monaten soll die Trance aufgehoben werden. Valdemar wird zuvor noch gefragt, was seine Gefühle und Wünsche seien, da bricht plötzlich eine grauenvolle Stimme aus ihm hervor: «*Um Gottes willen! – rasch! – rasch! – versenken Sie mich wieder in Schlaf – oder, rasch! – wecken Sie mich auf! – rasch! – Ich sage Ihnen, ich bin tot!*»[193] P. beendet schnell die Trance, und noch während er die mesmerischen Striche macht, verwest der Leib. Der Zeitpunkt des Todes war nur rein äußerlich angehalten worden, umso machtvoller ergreift der Tod nun vom Körper Besitz und verwandelt ihn in *eine flüssige Masse von widerlicher – von abscheulicher Fäulnis*[194].

Aus dem Jahre 1845 sind ansonsten noch zwei Erzählungen erwähnenswert: *The Power of Words* (*Die Macht der Worte*) und die bereits mehrfach zitierte Erzählung *The Imp of the Perverse*. In letzterer heißt es an einer Stelle: *Es lebt [...] wohl kein Mensch, welchen nicht schon zu irgend einer Zeit das inbrünstige Verlangen geplagt hat, einen Zuhörer durch umschweifendes Reden zu peinigen.*[195] Im Oktober 1845 scheint Poe von diesem Verlangen heimgesucht worden zu sein. Die «Bostoner Literarische Gesellschaft» hatte ihn zum Vortrag eingeladen und darum gebeten, er möge ein neues Gedicht vorstellen. Eine große Ehre für den zuletzt gescholtenen Dichter. In der momentanen Krise bedeutete das Schreiben für Poe allerdings eine Qual. Er befand sich in der Klemme. Zuletzt verfiel er auf den Ausweg, einfach eines seiner frühen Gedichte vorzutragen. Poe fuhr wild entschlossen nach Boston, hielt einen weitschweifigen Vortrag über Poesie und rezitierte *Al Aaraaf*, natürlich unter einem anderen Titel: *The Messenger Star*. Die Täuschung bemerkte zunächst niemand, trotzdem kam Poe an diesem Abend nicht an. Das Publikum verließ den Saal, und die Zeitungen anderntags waren voll von dem misslungenen Auftritt. Doch es sollte noch schlimmer kommen: Poe ließ auf diese Reaktionen hin verlauten, er habe zur Provokation ein Gedicht vorgetragen, das aus seiner frühen Jugendzeit stamme. Irgendwie bekam die Presse Wind davon, und der Skandal war perfekt. Poe ging zum Angriff über, beschimpfte die Bostoner, die nichts Besseres verdient hätten etc. – aber in der Öffentlichkeit hatte er sich bereits unmöglich gemacht. Neue Schwierigkeiten taten sich Ende des Jahres auf: Das «Broadway Journal», das seit einigen Monaten rote Zahlen schrieb, war kaum mehr zu halten. Poe setzte alle Hebel in Bewegung, doch im Januar 1846 musste das Journal eingestellt werden.

Poe war ruiniert. In dieser äußerst bedrohlichen Situation beginnt er mit einem neuen Projekt, er schreibt über die literarische Szene New Yorks. Der New Yorker Literaturbetrieb, so Poe in der Einleitung zu seiner 1846 veröffentlichten Artikelserie, sei ein repräsentativer Spiegel der Literatur des ganzen Landes, deshalb sei eine kritische Bestandsaufnahme von größter Wichtigkeit. Poe will jedoch keine allgemeinen Einschätzungen liefern, sondern Einzelporträts der Literaten anfertigen, die seine *persönliche, unbeeinflußte Meinung über die New Yorker Litteraten (männlichen wie weiblichen Geschlechts)*[196] wiedergäben. Poe hatte zuvor ausgiebig in den literarischen Salons der Stadt recherchiert, nun nahm er sich, *in zwangloser Folge*, alle literarischen Persönlichkeiten vor und rechnete schonungslos mit ihnen ab. Über Willis schreibt er: *Seinen Erfolg [...] muß man zum einen Dritt-Teile den geistigen Fähigkeiten, zu den beiden andern jedoch seinem physischen Temperamente zuschreiben.*[197] Die Bühnenautorin Anna Cora Mowatt habe ihren Erfolg *ihrer Eigenschaft als schöne Frau*[198] zu verdanken. Auch das prominente Mitglied der Transzendentalisten Sarah Margaret Fuller wurde von Poe porträtiert. Erst nimmt er ihr Werk unter die Lupe und attestiert ihr eine Reihe von Sprachverstößen, dann rückt er ihre Person etwas näher ins Licht: *Der Mund, sobald er schweigt, verrät große Empfindsamkeit, Gemütsbewegung [...]. Lächelt er ein Wenig, so wird er in der Intensität solchen Ausdrucks sogar schön. Die Ober-Lippe freilich, wie unterm Zwang einer unwillkürlichen Muscel-Spannung, entblöst nach Gewohnheit die Zähne und verleiht den Zügen dergestalt etwas Höhnisches. Man stelle sich nun eine Person von solchem Aeußeren vor, wie sie uns ernsthaft in die Augen blickt [...], wobei sie's nicht zuwege bringt, stille zu sitzen, sondern in einem fort auf ihrem Sessel hin und her rückt.*[199]

Die Literaten erblickten sich in diesen Porträts zur Kenntlichkeit entstellt und reagierten entsetzt. Nach der ersten Folge im Mai 1846 gingen beim Verleger von «Godey's Lady's Book» zahlreiche Drohbriefe ein, und in der Presse gab es wütende Attacken gegen Poe, wobei man nun den Spieß umdrehte und dem umstrittenen Dichter seinen unsoliden Lebenswandel vorhielt. Eine Schmutzkampagne setzte ein, Poes Herkunft, seine Trunksucht, seine wirklichen oder vermeintlichen Affären mit den Damen der literarischen Salons, die kleinen Schwindeleien, mit denen er sich bei seinen Brotarbeiten half – alles kam aufs Tapet. Der unter Beschuss geratene Poe gab natürlich nicht klein bei, er ging jetzt erst recht in die Offensive. Im Juli nahm er sich den Schriftsteller Thomas Dunn English vor und überzog ihn mit Hohn und Spott: *Ich höre, daß Mr. E. nicht ganz talentlos ist. Dennoch* würde es heilsam für ihn sein, sich *gewisser Studien*[200] zu befleißigen. Ein Schriftsteller und Herausgeber sollte *nicht nur English heißen, sondern dasselbe auch können*[201]. Am Schluss des Artikels behauptet Poe, English nicht persönlich zu kennen, was nicht den Tatsachen entsprach. English zögerte nach dem schmachvollen Artikel dann auch keinen Augenblick und machte alle seine Kenntnisse über die Lebensumstände Poes publik. In den nächsten Tagen und Wochen wurden noch andere Persönlichkeiten in die Kontroverse hineingezogen. Wegen verleumderischer Behauptungen strengte Poe einen Prozess an, den er schließlich gewann, doch bei der Urteilsverkündung im Februar 1847 interessierte sich kaum mehr jemand für den Skandal. Poe wehrte sich auch mit seiner Schreibfeder. Noch im November 1846 erschien *The Cask of Amontillado* (*Das Gebinde Amontillado*). Poe erzählt die Geschichte von Montresor, einem Menschen, der schweren Schmähungen und Beschimpfungen ausgesetzt war und seinem Feind Fortunato Rache gelobte. Montresor, zu allem entschlossen, geht bei seinen Planungen äußerst umsichtig vor. Am Ende erleidet Fortunato das grausamste Schicksal: Er wird lebendig begraben mit dem Wahlspruch Montresors im Ohr: *Niemand reizt mich ungestraft.*[202]

VISIONEN

Als im Sommer 1846 die Attacken seiner Gegner einsetzten, zog sich Poe mit Virginia und Mrs. Clemm aufs Land zurück; in dem Dorf Fordham, heute ein Stadtteil New Yorks, mietete er sich ein kleines Cottage. Während der kommenden Wochen und Monate schrieb Poe keine Zeile, völlig paralysiert schloss er sich ins Ar-

Fordham Cottage – «Oh, wie überaus glücklich waren wir in unserem Heim auf dem Lande!» (Maria Clemm), um 1890

Virginia Eliza Poe, postumes Aquarell eines unbekannten Künstlers, 1847. Es zeigt angeblich von allen bekannten Bildnissen die größte Ähnlichkeit mit Poes Ehefrau.

beitszimmer ein und brütete vor sich hin. So verging der Sommer – im Herbst verschlimmerte sich Virginias gesundheitlicher Zustand. Wirre Gerüchte kursierten um diese Zeit in New York, Poe, so erzählte man sich, leide an einer Geisteskrankheit. Als am 30. Januar 1847 seine Frau Virginia stirbt, bricht Poe tatsächlich zusammen.

Die wenigen Texte, die 1847 von Poe gedruckt erscheinen, sind schon vor seiner großen Krise geschrieben worden. So auch *Ulalume – A Ballad* (*Ulalume – Eine Ballade*), eines der dunkelsten, anspielungsreichsten und von der Form her interessantesten Gedichte Poes; er überlässt sich hier ganz dem Klang der Worte und schafft dadurch eine sehr geschlossene Atmosphäre. Die Meinungen der Kritiker über *Ulalume* – vor allem derjenigen des zwanzigsten Jahrhunderts – gehen stark auseinander: T. S. Eliot hielt es für das «gelungenste und zugleich typischste Gedicht»[203] Poes. Ganz anderer Meinung war Aldous Huxley, der zu einer postumen Dichterbeschimpfung ausholte und *Ulalume* prätentiös und vulgär nannte. Die einzige Erzählung aus dem Jahr 1847 ist *The Domain of Arnheim* (*Der Park von Arnheim*), eine überarbeitete Fassung von *The Landscape Garden*. Poe hatte offenbar an der Fortsetzung der Grotesken und Arabesken kein Interesse mehr, ihm gingen andere Gedanken durch den Kopf; melancholisch gestimmt, seinen Gedanken nachhängend, schrieb er in schlaflosen Nächten in Fordham an seinem metaphysisch-kosmologischen Werk *Eureka*. Maria Clemm berichtet später, Poe sei nicht mehr zur Ruhe gekommen, sie habe oft bis in die frühen Morgenstunden bei ihm gesessen, Kaffee gekocht und ihm zugehört. *Eureka* sollte sein großes, alles überstrahlendes Werk werden. Poe war überzeugt, den Stein der Weisen gefunden zu haben. Diesmal, so betonte er in der Einleitung, sei nichts ausgedacht, sondern alles wahr. Poe stellt seinem Werk eine persönliche Zueignung voran: *Den Wenigen, welche mich lieben & welche ich liebe – Denjenigen welche fühlen, mehr, als Denen, die da denken – den Träumern, und ihnen, die ihr Vertrauen in Träume setzen als in das einzig Wirkliche – bringe ich dar dies Buch der Wahrheiten; nicht ob seines Charakters als Wahr=Sage; sondern der Schönheit wegen, von der seine Wahrheit überfließt – die es als wahr ausweist. Ihnen unterbreite ich meine Komposition als ein Kunst=Produkt allein – als, sagen wir, eine Romanze; oder, vorausgesetzt daß ich damit nicht einen zu stolzen Anspruch erhebe, als ein Poem.*[204]

> Der Himmel war grau im Oktober,
> das Laub eine mürbe Zier –
> das Laub eine dorrende Zier:
> es war einsame Nacht im Oktober
> eines Jahrs, unerinnerlich mir:
> es war nah bei den Seen von Auber,
> in den Nebelgefilden von Weir –
> bei den naßkalten Mooren von Auber,
> den gespenstischen Wäldern von Weir.
>
> Aus «Ulalume»

Poe hatte sich mit *Eureka* eine Betrachtung des Universums in seiner Entstehung und Entwicklung vorgenommen, dabei konnte und wollte er nicht auf den Pfaden der Wissenschaft wandeln; um den Gegenstand konkret und anschaulich darzustellen, wählt er die Form des Prosagedichts. Hier liege, so schreibt er zu Beginn, auch der Unterschied zu Alexander von Humboldts «Kosmos», wo der Gegenstand in seiner Allgemeinheit und Gesetzlichkeit dargestellt werde, nicht in seiner Individualität. Poe will sich vom absichernden Denken lösen und einen anderen Blick riskieren, nötig sei *ein geistiges Pirouettieren auf dem Absatz*[205]. Um zur Wahrheit des Kosmos vorzudringen, reiche es nicht, sich auf den strengen Bahnen von Induktion und Deduktion zu bewegen, dies seien letztlich nur Hilfsmittel; die wahre Methode sei die Intuition, nur sie führe zum Kern der Dinge. Poe kommt nach einem kurzen Exkurs durch die Wissenschaftsgeschichte zu dem Schluss: *Wir sind an einem Punkt angelangt, wo nur Intuition uns noch weiter helfen kann.*[206] Seiner Einsicht nach gab es ursprünglich eine Einheit des Universums, die der göttliche Wille mittels Aufspaltung der Atome zunichte gemacht hat. Diese Aufspaltung, Auseinanderziehung und Zerteilung sei nun jedoch an ein Ende gekommen, das Universum strebe wieder zurück zur Einheit und ursprünglichen Harmonie. Die Entwicklung des Universums sei mithin von zwei Grundprinzipien bestimmt: Attraktion und Repulsion.

Poes Anschauungen hatten sich gründlich gewandelt, von Fortschrittspessimismus und negativer Anthropologie war nicht mehr die Rede, mit *Eureka* entwickelte er ein Bild der Verheißung, der großen inneren und äußeren Harmonie. Aus dem Kulturkritiker und Skeptiker war ein Prophet geworden. In einer Vortragsreihe wollte Poe *Eureka* als die große Erleuchtung unter die Menschen bringen. Im Februar 1848 trat er in New York auf, er rechnete mit großem Publikumsandrang, doch nur wenige kamen, und kaum einer verstand den Dichter. Poe setzte seine Hoffnung nun ganz in die Buchausgabe. Er verhandelte mit dem Verleger George Palmer Putnam und schlug als Startauflage von *Eureka* fünfzigtausend Exemplare vor. Nach langem Überlegen druckte Putnam 750 Exemplare und gab Poe als Anzahlung vierzehn Dollar.

Poe hatte sich eine Weile an seinem Werk berauscht, und nun wollte es niemand haben. Es kam, wie es kommen musste, Poe stürzte ab. Im Sommer 1848 verbrachte er ein paar Wochen in Richmond, wo John Reuben Thompson, der neue Herausgeber des «Southern Literary Messenger», ihn erlebte; in einem Brief an seinen Freund schreibt er: Poe «hielt sich ungefähr drei Wochen hier auf, war schrecklich betrunken und trug jede Nacht in

«Den Wenigen, welche mich lieben & welche ich liebe – Denjenigen welche fühlen mehr, als Denen, die da denken – den Träumern, und ihnen, die ihr Vertrauen in Träume setzen als in das einzig Wirkliche» («Eureka»). Daguerreotypie, vermutlich aus dem Sommer 1849

Bars sein ‹Eureka› vor. Seine Freunde versuchten, ihn nüchtern zu bekommen und ihm eine Arbeit zu verschaffen, aber ohne Erfolg. Zuletzt blieb ihnen nichts anderes übrig, als ihn per Schiff nach New York zurückzuschicken.»[207]

Poe suchte mit aller Macht nach einer emotionalen Bindung. Obwohl er von Liebe sprach, war es wohl mehr der Wunsch nach Sicherheit und Vertrautheit, der ihn umtrieb und in merkwürdige Eskapaden verstrickte. Spontan und voller Gefühlsüberschwang umwirbt er unterschiedlichste Frauen, denen er immer wieder auch Heiratsanträge macht. Im Herbst 1848 verliebt er sich Hals über Kopf in die exzentrische Dichterin Sarah Helen Whitman. Sarah Whitman lebte verwitwet zusammen mit ihrer Mutter und

Die Dichterin Sarah Helen Whitman (1803 – 78) im Alter von fünfunddreißig Jahren. Gemälde von C. Giovanni Thompson

ihrer jüngeren Schwester in dem kleinen Ort Providence zwischen Boston und New York. Von ihrem Äußeren her konnte die Dichterin direkt Poes Arabesken entsprungen sein: Sie trug weiße seidige Gewänder, hatte dunkle lange Haare und einen sehr blassen Teint. In dieses Bild passten auch ihre geistigen Vorlieben, sie beschäftigte sich intensiv mit spiritualistischem Denken, mit Mesmerismus, Seelenwanderung und Wiedergeburt. Im September lernte Poe die Dichterin in Providence persönlich kennen – und sofort war er von ihr hingerissen. In einem ekstatischen Brief an Sarah Whitman schildert er seine überwältigenden Gefühle: *Als Sie das Zimmer betraten, bleich, ängstlich, zögernd, und offenbar im Herzen bedrückt, als Ihre Augen für einen kurzen Moment flehentlich die meinen suchten, da fühlte ich, zum ersten Male in meinem Leben, und gestand mir zitternd ein, daß es geistige Einflüsse gibt, die der Verstand nicht mehr zu erfassen vermag. Ich sah, Sie waren Helen, meine Helen – die Helen von tausend Träumen*[208]. Der Vorname Helen weckt bei Poe die größten Erwartungen, er fühlt sich an sein Gedicht *To Helen* erinnert und an die einst innig verehrte Jane Craig Stanard. Sarah Whitman, die den Autor des *Raben* bewunderte, war ihrerseits von den Liebesbeteuerungen beeindruckt. Trotz ihrer vagen Bedenken wurde man sich schon nach kurzer Zeit einig, noch in diesem Jahr zu heiraten. Alles schien in bester Ordnung. Doch die in großer Abgeschiedenheit lebende Dichterin war sich wohl über die Vorgeschichte ihres zukünftigen Ehemanns nicht ganz im Klaren gewesen, jedenfalls werden ihr schon bald von wohlmeinenden Freundinnen aus New York die Augen geöffnet. Für Poe sind dies nichts als Verleumdungen, doch Mrs. Whitman bittet sich Bedenkzeit aus.

Ende Oktober 1848 reiste Poe zu einem Vortrag nach Lowell (Massachusetts). Im Juni hatte er hier bereits über Dichter und Dichtkunst in Amerika gesprochen und bei dieser Gelegenheit Annie Richmond kennen gelernt. Sie war Ende zwanzig, außerordentlich hübsch und anmutig, geistig aufgeschlossen, jedoch ohne tiefere Beziehung zu Literatur und Dichtung; sie war in allem das Gegenstück zu Sarah Helen Whitman. Und gerade das machte sie wohl für Poe begehrenswert. Es gab nur einen Haken: Annie Richmond war glücklich verheiratet und Mutter einer kleinen Tochter. Poe konnte sich im Oktober aus allernächster Nähe ein Bild von den Verhältnissen machen, denn er wohnte bei den Richmonds. Doch offenbar wollte er die Realität nicht mehr sehen, blendete er alles aus, was in seine phantasmatische Welt nicht passte. Nicht anders ist es zu erklären, dass er sich nun heftig und völlig aussichtslos in Mrs. Richmond verliebte. Zurückgekehrt in Fordham, schreibt er ihr im November einen Brief, der nicht nur als Liebesbrief von Bedeutung ist, sondern auch Aufschluss gibt über Poes Gemütszustand zu dieser Zeit: *Ah, Annie, Annie! meine Annie! was für grausame Gedanken über Ihren Eddy müssen Ihr Herz während der letzten schrecklichen vierzehn Tage gepeinigt haben, in denen Sie nichts von mir hörten – nicht einmal ein kleines Wort, das Ihnen sagte, daß ich noch immer lebte und Sie liebte.*[209] Die hoch fliegende Sprache, die abgerissenen Sätze, der beschwörende Ton, die eher beschriebene Intimität, all das macht deutlich, wie sehr Poe aus dem Gleichgewicht geraten war. Kurz bevor er dies an Mrs. Richmond schrieb, war er erneut in Providence aufgetaucht. In ihren Erinnerungen berichtet Mrs. Whitman: «Er besuchte mich in einem Zustand wilder und wahnsinniger Erregung. Ich sollte ihn vor irgendeinem gräßlich drohenden Unheil erretten. Seine Stimme war erschreckend und schallte laut durch das Haus. Niemals hörte ich etwas so Schreckliches – es war schrecklich bis zur Erhabenheit.»[210] Ein paar Tage später erklärt sich die Dichterin gleichwohl bereit, Poe zu heiraten. Ihr Vermögen will sie zuvor allerdings ihrer Mutter überschreiben. Poe akzeptiert alle Bedingungen, wenn nur die *teure Helen* seine Frau wird. Am 25. Dezember soll die Zeremonie in Providence stattfinden.

Fünf Tage vor dem Hochzeitstermin hält Poe in Providence einen Vortrag über *Das poetische Prinzip*. Der Abend wird zum Triumph – der Saal war mit fast zweitausend begeisterten Leuten gefüllt. Das bedeutete natürlich Rückenwind für Poe, er konnte nun erhobenen Hauptes der Hochzeit entgegensehen. Doch es kam anders. Unmittelbar vor der Eheschließung, so berichtet Sarah Helen Whitman später, seien ihr neue Dinge aus Poes jüngster Vergangenheit bekannt geworden, die so schwer wiegend gewesen seien, dass sie die Beziehung beendet habe. Völlig demoralisiert kehrte Poe nach Fordham zurück. Nur langsam fand er wieder zu schriftstellerischen Arbeiten zurück. Er veröffentlichte 1849 unter anderem die bedeutenden Gedichte *Annabel Lee* und *The Bells*. In *Annabel Lee* besingt Poe in melodischen Worten den Tod einer schönen Frau, *The Bells* ist ein durchstilisiertes onomatopoetisches Gedicht. In jeder Strophe stellt Poe eine Glocke vor, deren Klang er nachzuempfinden sucht: die Schlittenglöckchen, die Hochzeitsglocken, die Feuerglocke, die Alarmglocke, die Totenglocke. Mit der Geschichte *Von Kempelen and His Discovery* (*Von Kempelens Erfindung*) nimmt Poe auch sein erzählerisches Programm wieder auf. Und Anfang Februar 1849 beendet Poe seine letzte große Horrorgeschichte: *Hop-Frog: or,*

The Eight Chained Orang-Outangs (*Hopp Frosch oder Die acht angeketteten Orang-Utans*). Im Mittelpunkt steht ein Zwerg und Krüppel, der an einem spätmittelalterlichen Königshof als Narr und Possenreißer Dienst tun muss. Zusammen mit der schönen Tripetta ist er einst verschleppt worden. Am Hof nennt man ihn «Hop-Frog», weil seine Fortbewegung allgemeine Heiterkeit erregt. Hop-Frog verabscheut den Genuss von Wein. Bei der Vorbereitung eines Maskenballs wird er auf Befehl des Königs gezwungen, Wein zu trinken, damit ihm ein paar skurrile Ideen für das Fest einfallen. Als Tripetta den König um Schonung für Hop-Frog bittet, schüttet der ihr nur seinen Trank ins Gesicht. Hop-Frog sinnt auf Rache und schlägt dem König und seinen Ministern eine besonders abenteuerliche Verkleidung vor: Sie sollen sich als Orang-Utans maskieren und aneinander ketten. Der König und die Minister kommen tatsächlich so zum Fest. Hop-Frog nutzt die allgemeine Aufregung, die dieser Auftritt auslöst, er nimmt sich die Kette des Kronleuchters, schließt sie mit der Affenkette zusammen und zieht König und Minister nach oben. Dann hält er eine Fackel an ihre Verkleidung und ruft ihnen zu, dies sei sein letzter Spaß gewesen. Zusammen mit Tripetta entflieht er in seine Heimat.

Das Motiv des sich an seinen Herren rächenden Narren geht auf den Geschichtsschreiber Jean Froissart zurück, der um 1500 über einen Kostümbrand am französischen Königshof berichtete. Die Poe anregende Quelle lieferte möglicherweise auch ein 1830 erschienener Artikel im «New Monthly Magazine»: «Frogère and the Emperor Paul». Die Geschichte enthält darüber hinaus eine Reihe biographischer Anspielungen: Nicht nur hat Hop-Frog mit Alkoholproblemen zu kämpfen, er ist überdies ein Stigmatisierter, der zum Possenreißer degradiert wurde und sich gegen das Ansinnen der Gesellschaft nur wehren kann, wenn er selbst so gewalttätig wird wie die, die ihn unterworfen haben.

Poe meldete sich mit diesen Veröffentlichungen zurück, er dachte sogar wieder an die Herausgabe einer eigenen Zeitschrift. Die noch in der Schublade liegende Ankündigung des *Stylus* polierte er auf und schickte sie an potenzielle Geldgeber. Poe hatte viel Kredit bei seinen Freunden verspielt; er zog den Kreis nun etwas weiter und verschickte seine Projektskizze mit ein paar gediegenen Zeilen an ihm völlig fremde Personen. Ein im Grunde hoffnungsloses Unterfangen – doch im April schreibt ihm ein lebhaft interessierter Mr. Edward H. N. Patterson aus Oquawka, Illinois. Poe kann es kaum fassen und malt sofort in rosigen Farben die Zukunft des Unternehmens aus: Es soll kein *billiges Magazin* sein. *Wir müssen*, so schreibt er an Patterson, *unser Ziel hoch stecken – den Intellekt ansprechen – die höheren Klassen – des Landes*[211]. Er unterbreitet Patterson einen Plan: Er würde auf Reisen gehen und Subskribenten werben, in drei bis vier Monaten hätte er dann 1000 Unterschriften beisammen, dazu müsse er aber natürlich einen kleinen Vorschuss haben. Patterson stimmte zu, überwies das Geld, und Ende Juni ging die Reise los.

Poe fuhr zunächst in den Süden, nach Virginia. In der alten Heimat wollte er nicht nur Subskribenten werben, sondern auch Vorträge halten. Doch schon in Philadelphia unterbricht er seine Reise, vielleicht mit der Absicht, Bekannte zu treffen. Jedenfalls kann er der Versuchung nicht widerstehen, einen Drink zu sich zu nehmen: Poe kommt böse unter die Räder und landet in der Ausnüchterungszelle. Nach diesem Exzess kommt es zu psychischen Ausnahmeerscheinungen – vermutlich Symptome eines Säuferwahnsinns. Völlig verzweifelt schreibt er an Mrs. Clemm: *Sobald Du dies erhältst, komm zu mir. [...] Wir können nur noch zusammen sterben. Es hilft nichts, jetzt noch mit mir darüber zu argumentieren; der Tod ist mir gewiß. Seit ich «Eureka» geschaffen habe, fühle ich keinen Wunsch mehr, weiterzuleben.*[212] Irgendwie kam Poe dann aber doch noch einmal auf die Beine. Patterson überwies einen weiteren Vorschuss, und so erreichte er schließlich Richmond. Hier hatte er das Glück, von der Familie Mackenzie, in der auch seine Schwester Rosalie lebte, aufgenommen zu werden. Poe erholte sich wieder. Am 19. Juli schreibt er an Mrs. Clemm: *Du wirst sogleich an der Handschrift dieses Briefes erkennen, daß es mir besser geht – viel besser, geistig und gesundheitlich.*[213] Poe kleidet sich neu ein, er will sich von seiner besten Seite zeigen – und es gelingt ihm. Wo er sich in diesen Tagen auch blicken lässt, überall hinterlässt er einen überaus positiven Eindruck. Poe wird in der Gesellschaft herumgereicht, häufig auch aufgefordert, sein berühmtes Ge-

Einer der letzten Briefe an Maria Clemm,
«My own dearest Muddy», Richmond, am 5. August 1849

dicht, den *Raben*, zu rezitieren. Er kommt dem gern nach, trägt in vollendeter Musikalität die Strophen wieder und wieder vor, bezaubert seine Zuhörer und erlebt Momente des Glücks. Im August hält er vor einem ausverkauften Saal seinen Vortrag über *Das poetische Prinzip*. Er fühlt sich von Freunden umgeben, und es besteht für ihn kein Zweifel mehr, dass er eigentlich hierher gehört, ein Mann des Südens ist. Unter den vielen Bekannten, die er in dieser Zeit trifft, findet sich auch seine Jugendliebe, die jetzt achtunddreißigjährige Sarah Elmira Royster Shelton. Fünfundzwanzig Jahre liegt ihre gemeinsame Geschichte zurück, Mrs. Shelton ist in der Zwischenzeit verwitwet und lebt, zusammen mit ihrem Sohn, in wohlhabenden Verhältnissen. Im August kommt es zu einem ersten Treffen, weitere Verabredungen folgen, es dauert nicht lange, da macht Poe ihr einen Heiratsantrag. Am 18. September schreibt er an Maria Clemm: *Ich glaube, sie liebt mich hingebungsvoller, als ich's jemals erfahren, und ich kann nicht anders, ich muß sie wiederlieben. Noch ist nichts endgültig geregelt.*[214] Er kündigt an, in den nächsten Tagen nach Philadelphia zu reisen und dann nach New York zu kommen. Am 24. September hält Poe noch einen weiteren Vortrag. Die Veranstalter haben sich darauf verständigt, die Eintrittspreise zu erhöhen, um dem Dichter eine Unterstützung mit auf den Weg zu geben. Als Poe sich am 26. September 1849 von Mrs. Shelton verabschiedet, ist er gesundheitlich angeschlagen. Am nächsten Morgen nimmt er gleichwohl das Dampfboot nach Baltimore. Über die folgenden Ereignisse gibt es verschiedene Versionen. Einige vermuten, Poe sei zunächst in Philadelphia gewesen, habe dann aber nicht den Zug nach New York genommen, sondern sei – möglicherweise versehentlich – nach Baltimore zurückgefahren. Andere, so der Arzt J. J. Moran, behaupten, Poe habe seine Reise in Baltimore unterbrochen, weil widrige Witterungsverhältnisse ihn an der Weiterfahrt nach Philadelphia gehindert hätten. Dieser Version nach ist Poe dann auf dem Weg zum Hafen in eine üble Gesellschaft geraten; man habe ihn mit Alkohol und

---

Der Rabe

Einst, um eine Mitternacht graulich,
  da ich trübe sann und traulich,
müde über manchem alten Folio lang
  vergess'ner Lehr' –
da der Schlaf schon kam gekrochen,
  scholl auf einmal leis ein Pochen,
gleich wie wenn ein Fingerknochen
  pochte, von der Türe her.
«'s ist Besuch wohl», murrt' ich, «was
  da pocht so knöchern zu mir her –
das allein – nichts weiter mehr.»

Erster Vers (Übersetzung Hans Wollschläger)

Das letzte bekannte Porträt Poes. Daguerreotypie von William Abbott Pratt, aufgenommen in Richmond Ende September 1849, kurz vor Poes Tod im Oktober in Baltimore

Drogen voll gepumpt, ihn ausgeraubt, in zerschlissene Kleidung gesteckt und in halb bewusstlosem Zustand auf der Straße liegen gelassen. Bei Tagesanbruch sei er gefunden und ihn in das Washington Hospital gebracht worden. Nach einer anderen Variante waren es keine gewöhnlichen Diebe, die Poe an diesem Abend so übel mitspielten, sondern so genannte «Wahlschlepper», die Leute von der Straße aufgriffen, sie unter Alkohol setzten und zur Wahlurne schleiften. Eine bei amerikanischen Wahlen damals durchaus übliche Praxis – und in Baltimore wurde an diesem Tag gewählt.

Diese Version kann sich auf eine schriftliche Mitteilung berufen, die 1880 wieder aufgetaucht ist. Ein Mr. Walker, ein Drucker aus Baltimore, schreibt am 3. Oktober 1849 an Poes Freund Joseph Evans Snodgrass: «Werter Herr, – da ist ein Gentleman in einem sehr schlechten Zustand in Ryans Wahllokal im vierten Wahlbezirk, der sich Edgar A. Poe nennt und sich in großer Not zu befinden scheint. Er sagt, daß er mit Ihnen bekannt sei, und ich versichere Ihnen, daß er unverzüglicher Hilfe bedarf. In Eile, Jos. W. Walker.»[214] Snodgrass hat später berichtet, in welchem Zustand Poe sich befand: «Sein Gesicht wirkte übernächtigt, um nicht zu sagen aufgedunsen und ungewaschen, sein Haar war ungekämmt, und er machte insgesamt einen abstoßenden Eindruck. […] Seine Kleidung bestand aus einem Schoßrock aus dünnem, minderwertigem, schwarzem Alpakastoff, an einigen der Nähte mehr oder weniger aufgetrennt und eingerissen, verschossen und schmutzig, & einer Hose mit stahlfarbenem, undefinierbarem Kassinettmuster, sehr abgenützt und schlecht passend, wenn man überhaupt sagen kann, daß sie ihm paßte. Er trug weder Weste noch Halstuch; seine Hemdbrust war zerknittert und starrte vor Dreck. An seinen Füßen hatte er Schuhe aus grobem Material, die, so schien es, noch nie geputzt worden waren.»[215]

Unter solchen nicht ganz geklärten Umständen war Poe ins Washington Hospital gebracht worden. Bis kurz vor seinem Tod soll er sich in einem gewalttätigen Delirium befunden haben. Am 7. Oktober 1849 stirbt Edgar Allan Poe. Zwei Tage später wird er, begleitet von einer Hand voll Trauergästen, auf dem Presbyterianischen Friedhof von Baltimore beigesetzt. Der große Poe-Enthusiast Baudelaire schrieb einige Jahre später: «Über Poes Leben, seinem sittlichen Betragen, seinen Umgangsformen, seiner leiblichen Erscheinung, über allem, was seine Gesamtpersönlichkeit ausmacht, liegt für uns etwas zugleich Düsteres und Strahlendes. Seine Person war seltsam, verführerisch und, wie seine Werke, von einer unbestimmbaren Schwermut geprägt.»[216]

Anmerkungen

Die Werke Edgar Allan Poes werden nach der zehnbändigen Gesamtausgabe (GW 1 ff.) zitiert (textidentisch mit der vierbändigen Original-Werkausgabe, hg. von Kuno Schumann und Hans Dieter Müller. Deutsch von Arno Schmidt, Hans Wollschläger u. a., Olten 1966). Häufig zitierte Werke werden mit Siglen abgekürzt, die den Siglen zugehörigen Buchtitel sind der Bibliographie (Forschungsliteratur) zu entnehmen.

1 GW 4, 833
2 Vgl. Klaus Heinrich: Versuch über die Schwierigkeit nein zu sagen. Basel/Frankfurt a. M. 1982, 137
3 Zum (Frank T. Zumbach) 540
4 GW 10, 850f.
5 GW 10, 866
6 GW 2, 556
7 GW 2, 674
8 GW 4, 671
9 GW 10, 720
10 Zum, 19
11 GW 9, 512
12 GW 4, 673
13 John H. Ingram: Edgar Allan Poe. His Life, Letters, and Opinions. New York 1965, 10
14 Ebd. 11
15 GW 4, 672
16 GW 4, 671
17 Zum, 80
18 Ebd.
19 GW 10, 821
20 GW 1, 256–257
21 Vgl. Hervey Allen and Thomas Ollive Mabbott: Poe's Brother: The Life and Poetry of William H. Poe. New York 1926
22 Zum, 108
23 LW (Liliane Weissberg) 25
24 GW 8, 634
25 CB (Charles Baudelaire) 285
26 Zum, 126
27 Vgl. TOM (Thomas Ollive Mabbott) 75 ff.
28 GW 9, 35
29 Vgl. AHQ (Arthur Hobson Quinn) 109
30 Zum, 144
31 Zitiert nach FHL (Franz H. Link) 79
32 KS (Kuno Schumann) 38
33 DH (Daniel Hoffman) 30
34 Vgl. DH, 31
35 Vgl. TOM, 24
36 GW 2, 859f.
37 Zum, 159
38 GW, 10, 783f.
39 Vgl. TOM, 95
40 CB (Charles Baudelaire) 361
41 Vgl. TOM, 95
42 GW 10, 785
43 Ebd.
44 GW 8, 638
45 Zum, 220
46 Zum, 223
47 Ebd.
48 GW 10, 618
49 GW 9, 242
50 Vgl. Jeffrey Meyers: Edgar Allan Poe: His Life and Legacy. New York 1992, 17
51 GW 9, 99
52 GW 9, 95
53 Ebd.
54 TSE (T. S. Eliot) 257
55 Ebd.
56 GW 9, 89
57 KS, 17
58 GW 2, 949
59 GW 1, 77
60 GW 1, 78
61 Vgl. FHL, 210
62 GW 1, 103
63 GW 1, 104
64 Vgl. MB (Marie Bonaparte) 245
65 GW 1, 144
66 Zum, 244
67 Zum, 267
68 Zum, 270
69 GW 3, 9
70 GW 3, 10
71 CB, 339
72 GW 3, 10
73 GW 3, 12
74 GW 3, 15

75 GW 3, 19
76 GW 3, 19
77 GW 3, 24
78 GW 3, 25
79 Zum, 283
80 Zum, 291
81 GW 2, 558
82 GW 2, 560
83 GW 2, 564
84 Vgl. Eric W. Carlson: Edgar Allan Poe. In: American Short-Story Writers before 1880. Ed. Bobby Ellen Kimbel. Detroit 1988, 316
85 GW 2, 569
86 GW 3, 27
87 GW 3, 29
88 GW 3, 32
89 Carla Gregorzewski: Edgar Allan Poe und die Anfänge einer originär amerikanischen Ästhetik. Heidelberg 1982, 76 f.
90 GW 7, 379
91 GW 7, 380
92 Vgl. Alexander Kupfer: Die künstlichen Paradiese. Rausch und Realität seit der Romantik. Ein Handbuch. Stuttgart, Weimar 1996, 517 ff.
93 GW 8, 712
94 GW 8, 642 f.
95 GW 8, 645
96 GW 8, 646
97 Zum, 316
98 GW 6, 18
99 GW 6, 18 f.
100 GW 6, 30
101 Zum, 326
102 GW 6, 36
103 Zum, 319
104 Ebd.
105 GW 6, 133
106 GW 6, 145
107 GW 8, 649
108 Zum, 340
109 GW 3, 115 f.
110 GW 3, 117
111 GW 3, 396
112 UB (Ulrike Brunotte) 148, vgl. auch PK, 104 ff.
113 Vgl. Peter Freese: Die Initiationsreise. Studien zum jugendlichen Helden im modernen amerikanischen Roman. Neumünster 1971
114 Vgl. UB, 149
115 W. H. Auden: Wie es mir schien. Übersetzt von Hella Bronold. Wien–Zürich 1977, 184
116 Vgl. UB, 153
117 GW 5, 1078
118 Vgl. UB, 244 ff.
119 Vgl. Grace Farrell Lee: The Quest of Arthur Gordon Pym. In: Southern Literary Journal, Vol. IV, No. 2 (1972)
120 Vgl. John T. Irwin: American Hieroglyphics. The Symbol of the Egyptian Hieroglyphics in the American Renaissance. New Haven 1980
121 Vgl. PK (Peter Krumme) 126 ff.; UB, 247
122 GW 2, 610
123 GW 2, 611 f.
124 EB (Elisabeth Bronfen) 477
125 GW 2, 622
126 EB, 483
127 GW 1, 195
128 GW 1, 196
129 GW 1, 216
130 Zum, 375
131 Zum, 376
132 GW 1, 244
133 GW 1, 232 f.
134 UB, 202
135 UB, 200 f.
136 Klaus Theweleit: «You Give Me Fever»: Arno Schmidt. Seelandschaft mit Pocahontas. Frankfurt a. M.–Basel 1999, 207
137 Ebd., 207 ff.
138 GW 2, 664
139 GW 2, 635
140 GW 2, 636
141 GW 4, 684
142 GW 4, 705
143 Sigmund Freud: Das Unheimliche. In: S. F.: Der Moses des Michelangelo. Schriften über Kunst und Künstler. Einleitung von Peter Gay. Frankfurt a. M. 1993, S. 153 f.
144 GW 8, 655
145 Vgl. GW 5, 1101

146 Vgl. LW, 67 ff.
147 Zum, 396
148 Ebd.
149 GW 8, 656
150 GW 8, 661
151 GW 4, 706
152 GW 4, 720
153 RT (Rudi Thiessen) 184 ff.
154 GW 4, 707
155 Ebd.
156 GW 4, 713
157 Ebd.
158 GW 4, 719 f.
159 RT, 191
160 Vgl. CB, 338
161 Ernst Jünger: Strahlungen. Tübingen 1949, 349
162 Theodor W. Adorno: Minima Moralia. Reflexionen aus dem beschädigten Leben. Frankfurt a. M. 1979, 318
163 GW 2, 731
164 GW 8, 712
165 EB, 526
166 GW 2, 679
167 Ebd.
168 Ebd.
169 GW 2, 686
170 GW 2, 688
171 GW 2, 689
172 GW 4, 721
173 GW 4, 738
174 UB, 44 ff.
175 GW 4, 746
176 GW 4, 758
177 Ebd.
178 GW 4, 759
179 GW 4, 755
180 GW 1, 298
181 GW 4, 787
182 GW 8, 680
183 GW 8, 682 f.
184 GW 9, 131
185 GW 8, 684 f.
186 GW 8, 686
187 GW 8, 687
188 DH, 117 ff.
189 Jacques Lacan: Der entwendete Brief. In: Das Seminar von Jacques Lacan. Buch II (1954–1955): Das Ich in der Theorie Freuds und in der Technik der Psychoanalyse. Hg. v. Norbert Haas u. Hans-Joachim Metzger. Weinheim-Berlin 1991
190 Ebd., 250
191 Vgl. Jacques Derrida: Le facteur de la vérité. In: Poétique 21 (1975), S. 95–147. S. 147
192 Zum, 549
193 GW 4, 853
194 Ebd.
195 GW 4, 831
196 GW 10, 553
197 GW 10, 554
198 GW 10, 555
199 GW 10, 592 f.
200 GW 10, 576
201 GW 10, 577
202 GW 4, 859
203 TSE, 257
204 GW 5, 896
205 GW 5, 899
206 GW 5, 923
207 Zum, 638
208 GW 8, 728
209 GW 8, 736
210 Zum, 650
211 GW 8, 758
212 Zum, 664
213 Zum, 666
214 GW 8, 760
215 Zum, 683 f.
216 CB, 329

ZEITTAFEL

1809 19. Januar: Edgar Poe in Boston, Massachusetts, als zweiter Sohn des Schauspielerehepaars David und Elizabeth Arnold Poe geboren.

1810 Vermutlich im Oktober stirbt David Poe in Norfolk, Virginia. 20. Dezember: Geburt der Schwester Rosalie in Norfolk.

1811 8. Dezember: Elizabeth Poe stirbt in Richmond, Virginia. Edgar wird in die Familie des Kaufmanns John Allan aufgenommen.

1815 Anfang des Jahres kommt Poe in die Schule von William Ewing in Richmond. 17. Juni: Die Familie Allan siedelt mit ihrem Pflegesohn nach England über.

1816 Im Frühjahr besucht Poe die Schule der Schwestern Dubourg in London.

1817 Herbst: Aufnahme in die Manor House School in Stoke Newington bei London.

1820 März: Das Handelsunternehmen John Allan gerät in Zahlungsschwierigkeiten. 14. Juni: Rückfahrt nach Amerika. Poe kommt in die Schule von Joseph W. Clarke.

1823 In der Zeit seines Schulbesuchs (1820–23) beginnt Poe mit dem Schreiben von Spottversen und Gedichten.

1824 28. April: Tod von Jane Stith Stanard. Poe widmet ihr später das Gedicht *To Helen*.

1825 Vermutlich aus diesem Jahr stammt das erste längere erhalten gebliebene Gedicht: *Oh, Tempora! Oh, Mores!* 26. März: John Allans Onkel, William Galt, stirbt und hinterlässt seinem Neffen ein großes Vermögen.
Die Familie Allan zieht in das Herrenhaus «Moldavia».
Poe verliebt sich in Sarah Elmira Royster.

1826 Februar: Poe beginnt an der Universität Virginia in Charlottesville ein Studium der alten und neuen Sprachen. Während seines Studiums arbeitet er an seinem ersten Gedichtband: *Tamerlane and Other Poems.* Dezember: Poe muss die Universität verlassen.

1827 März: Poe bricht mit John Allan. April: Ankunft in Boston – *Tamerlane and Other Poems* erscheint. Mai: Poe tritt unter dem Namen Edgar A. Perry in die Armee ein. November: Stationierung in Fort Moultrie, Sullivan's Island.

1828 Dezember: Neues Quartier in Fortress Monroe, Virginia. Briefkontakte Poes mit Allan.

1829 28. Februar: Frances Allan, Poes Pflegemutter, stirbt in Richmond. April: Ehrenvolle Entlassung aus der Armee. Dezember: *Al Aaraaf, Tamerlane, and Minor Poems* erscheint.

1829 Juni: Eintritt in die Militärakademie von West Point. Es entstehen die Gedichte: *Israfel*, *Fairy Land*, *To Helen*, *The Sleeper* und *The Valley of Unrest*.

1831 6. März: Entlassung aus der Armee. April: *Poems* erscheint. Poe zieht zu seiner Tante Mrs. Clemm nach Baltimore. Erste Kurzgeschichten entstehen.
1. August: Tod des älteren Bruders.

1832 Im «Saturday Courier» erscheinen u. a.: *Metzengerstein* (Januar), *The Duke de L'Omelette* (März), *Loss of Breath* (November).

1833 Oktober: Poe gewinnt mit der Erzählung *MS. Found in a Bottle* den ersten Preis bei einem Wettbewerb des «Baltimore Saturday Visitor». In der Jury sitzt der Rechtsanwalt und Literat John Pendleton Kennedy, der zum Freund und Mentor Poes wird.

1834 27. März: John Allan stirbt – Poe wird im Testament nicht bedacht.

1835 In «The Southern Literary Messenger» erscheinen u. a.: *Berenice* (März), *Morella* (April), *Hans Phaall* (Juni) und *King Pest* (September). August: Redakteur beim «Messenger». Oktober: Poe holt Mrs. Clemm und ihre Tochter Virginia nach Richmond.

1836 Poe etabliert sich als Kritiker. Im «Messenger» erscheint: *Maelzel's Chess Player* (April). 16. Mai: Poe heiratet die noch nicht vierzehnjährige Virginia.

1837 Januar/Februar: *The Narrative of Arthur Gordon Pym of Nantucket* erscheint. Januar: Poe muss nach Alkoholproblemen seine Stelle beim «Messenger» aufgeben. Februar: Umzug nach New York.

1838 Juli: Umzug nach Philadelphia. Die Erzählungen *Ligeia* (September) und *How to Write a Blackwood Article* (November) kommen heraus.

1839 April: *The Haunted Palace* erscheint. Mai: Mitarbeiter bei «Burton's Gentleman's Magazine» (ab Juli als leitender Redakteur). Neue Erzählungen: *The Man that was Used Up* und *Fairy-Land* (August), *The Fall of the House of Usher* (September), *William Wilson* (Oktober). *Tales of the Grotesque and Arabesque* erscheint.

1840 Im «Burton» veröffentlicht Poe u. a.: *The Journal of Julius Rodman* (Januar/Juni), *The Business Man* (Februar), *Philosophy of Furniture* (Mai). Ende Mai scheidet Poe als Redakteur aus. Intensive Versuche, ein eigenes literarisches Magazin (*Penn*) zu gründen. Im Dezember erscheint *The Man of the Crowd*.

1841 Februar: Anstellung als Chefredakteur von «Graham's Lady's and Gentleman's Magazine». In «Graham's» erscheinen u. a.: *The Murders in the Rue Morgue* (April), *A Descent into the Maelstrom* (Mai), *The Colloquy of Monos and Una* (August).

1842 Januar: Virginia erleidet einen Blutsturz. März: Treffen mit Dickens. April: Poe verliert seine Stelle als Chefredakteur. Neue Erzählungen erscheinen: *The Oval Portrait* (April), *The Masque of the Red Death* (Mai), *The Landscape Garden* (Oktober)

1843 Die Erzählungen *The Tell-Tale Heart* und *The Pit and the Pendulum* (Januar) erscheinen. Neuer Versuch, ein eigenes Magazin zu gründen (*The Stylus*). März: Reise nach Washington. *The Gold-Bug* (Juni) und *The Black Cat* (August) erscheinen. November: Vorlesung über amerikanische Dichtung in Philadelphia.

1844 Weitere Vorlesungen in Baltimore und Reading. April: *A Tale of the Ragged Mountains* und *The Ballon Hoax* erscheinen. Juli: Umzug in das Farmhaus der Familie Brennan – hier schreibt Poe *The Raven*. In den nächsten Monaten erscheinen u. a.: *Mesmeric Revelation* (August) und *The Literary Life of Thingum Bob, Esquire* (Dezember). Poe wird Mitherausgeber des «Broadway Journal».

1845 Januar: *The Raven* erscheint im «New York Evening Mirror». März: Poe erhebt Plagiatsvorwürfe gegen Henry Wadsworth Longfellow. Mai: Rückkehr nach New York. Beziehung zu der Dichterin Frances Sargent Osgood. Juni: Neue Erzählungen kommen heraus. Juli: *The Imp of the Perverse* (Juli), *The Purloined Letter* (November) und *The Facts in the Case of M. Valdemar* (Dezember).

1846 Januar: *The Sphinx* erscheint. Das «Broadway Journal» muss eingestellt werden. Arbeit an

The Literati of New York. April: *The Philosophy of Composition* erscheint. Kontoverse mit Thomas Dunn English. Einzug in ein kleines Landhaus in Fordham. Im November erscheint: *The Cask of Amontillado*.

1847 30. Januar: Virginia stirbt. Poe arbeitet an *Eureka. The Domain of Arnheim* (März) und *Ulalume* (Dezember) erscheinen.

1848 Mai: *Eureka: A Prose Poem* erscheint. Juni: Freundschaftliche Beziehung zu Annie Richmond. November: Verlobung und – kurz darauf – Bruch mit der Schriftstellerin Sarah Helen Whitman. 20. Dezember: Vorlesung über *The Poetic Principle* in Providence.

1849 Letzte Erzählungen erscheinen: *Hop-Frog* (März), *Von Kempelen and his Discovery* (April), *Landor's Cottage* (Juni). Planung eines Literaturmagazins. Juli: Reise in den Süden. Zusammenbruch in Philadelphia (Fieber, Halluzinationen, Ausfallserscheinungen). 13. Juli: Poe in Richmond. August: Vorlesung über *The Poetic Principle*. September: Begegnung mit seiner Jugendliebe Sarah Elmira Shelton. Heiratspläne. 27. September: Aufbruch zur Heimreise. 3. Oktober: Poe wird bewusstlos in Baltimore aufgefunden. 7. Oktober: Poe stirbt im Washington Hospital.

ZEUGNISSE

Keiner [der besten Dichter unserer Zeit] könnte sich als Konkurrent herauswagen, es sei denn vielleicht Alfred Tennyson – und auch er würde hoffnungslos unterliegen. Unmöglich sich Effektvolleres vorzustellen als die gefaßte Melancholie des Dichters am Rande düsterer Verzweiflung und die Personifizierung dieser Verzweiflung in dem Raben, der sich über des Dichters Türe niederläßt, um ‹Nimmermehr› von dort zu scheiden. Das Ganze ist an Kraft und Originalität der Versifizierung ebenso bemerkenswert, wie es psychologisch ein Wunder darstellt.
Mr. Brooks, Redakteur des New Yorker «Express», nach Erscheinen des «Raben»

Charles Baudelaire
Der Zufall und das Unbegreifliche waren seine beiden großen Feinde.
Die Entstehung eines Gedichtes, 1857

Algernon Swinburne
Einmal nur, und nur einmal, kam von dort [Amerika] eine reine Note eines ursprünglichen Liedes – die kurze exquisite Musik, fein und einfach und dunkel und süß von Edgar Poe.
Under the Microscope, 1872

D. H. Lawrence
Poe ist eher ein Wissenschaftler als ein Künstler. Er löst sein eigenes Ich auf, wie ein Chemiker ein Salz in einem Schmelztiegel reduziert. Und es handelt sich tatsächlich um eine fast chemische Analyse der Seele und des Bewußtseins. Während es in der wirklichen Kunst immer den zweifachen Rhythmus des Erschaffens und des Zerstörens gibt.
Studies in Classic American Literature London, 1923

Walter Benjamin
Poes berühmte Novelle «Der Mann der Menge» ist etwas wie das Röntgenbild einer Detektivgeschichte. Der umkleidende Stoff, den das Verbrechen darstellt, ist in ihr weggefallen. Die bloße Armatur ist geblieben: Der Verfolger, die Menge, ein Unbekannter, der seinen Weg durch London so einrichtet, daß er immer in deren Mitte bleibt. Dieser Unbekannte ist der Flaneur.
Charles Baudelaire. Ein Lyriker im Zeitalter des Hochkapitalismus, 1939

T. S. Eliot
Es liegt ein gewisser Hauch von Provinzialismus auf seinem Werk, in einem Sinn, in dem Whitman nicht im mindesten provinziell ist: Es ist der Provinzialismus eines Menschen, der dort, wohin er gehört, nicht zu Hause ist, aber sonst nirgendwo heimisch zu werden vermag. Poe ist eine Art von heimatlos gewordenem Europäer; er fühlt sich von Paris, von Italien und Spanien angezogen, von Stätten, die er mit romantischer Düsterkeit und Pracht ausstatten konnte. […] Es gibt nur wenige Schriftsteller gleichen Ranges, die so wenig aus ihren eigenen Wurzeln gezogen haben, die von all dem, was sie umgab, derart losgelöst waren.
From Poe to Valéry, 1948

Ernst Jünger
Im Malstrom Edgar Allan Poes besitzen wir eine der großen Visionen, die unsere Katastrophe vorausschauten, und von allen die bildhafteste. Wir sind nun in jenem Teil des Wirbels abgesunken, in dem die Verhältnisse in ihrer dunklen Mathematik, zugleich einfacher und faszinierender, sichtbar werden; die höchste Bewegung ruft gleichzeitig den Eindruck der Starre hervor.
Strahlungen, 1949

W. H. Auden
Armer Poe! Erst so vergessen, daß sein Grab sechsundzwanzig Jahre lang ohne Grabstein blieb – als endlich einer aufgerichtet wurde, war Whitman der einzige anwesende amerikanische Autor –, und heute in Gefahr, lebenslanges Studienobjekt einiger Professoren zu werden.
Einleitung zu Edgar Allan Poe: Selected Prose, Poetry and Eureka, 1950

Arno Schmidt
– über Poes Œuvre, von den Brotarbeiten abgesehen, liegt etwas ausgesprochen Traumhaftes –
Vorläufiges zu Zettel's Traum, 1969

Lou Reed
Diese Kompliziertheit, diese Komplexität! Diese Psychologie und Mysteriosität! Was für ein Kerl! Seine Texte sind für mich wie ein wunderbarer Traum.
Im «Spiegel»-Interview, 2000

Bibliographie

Bibliographien, Nachschlagewerke, Periodika, Hilfsmittel

Clarke, Graham (Hg.): Edgar Allan Poe Critical Assessments. Vol. I: Life and Works; Vol. II: Poe in the Nineteenth Century; Vol. III: Poe The Writer: Poems, Criticism and Short Stories; Vol. IV: Poe in the Twentieth Century. East Sussex 1991

Dameron, J. Lasley, and Irby B. Cauthen, Jr.: Edgar Allan Poe: A Bibliography of Criticism 1827–1967. Charlottesville, Va. 1974

Deas, Michael J.: The Portraits and Daguerreotypes of Edgar Allan Poe. Charlottesville, Va. 1974

Frank, Frederick S., und Anthony Magistrale: The Poe Encyclopedia. Westport/Conn., and London 1997

Hyneman, Esther F.: Edgar Allan Poe. An Annotated Bibliography of Books and Articles in English 1827–1973. Boston, Mass. 1974

International Poe Bibliography (Current Poe Bibliography). Poe Studies (Journal), 1971 ff. Annotated listing of Poe scholarship, last updated through 1993

Poe Studies. Pullman, Wash., 4, 1971 ff. (früher u. d. T.: Poe Newsletter 1, 1968–3, 1970)

Robertson, John W.: Bibliography of The Writings of Edgar A. Poe. 2 Vols. San Francisco 1934 (Reprint: New York 1969)

Thomas, Dwight und David K. Jackson: The Poe Log. A Documentary Life of Edgar Allan Poe 1809–1849. Boston 1987

Ausgewählte Werkausgaben

Gesamtausgaben

The Works of the Late Edgar Allan Poe. Hg. von Rufus Wilmot Griswold. 4 Vols. New York 1850–1856

The Complete Works Of Edgar Allan Poe. (Virginia Edition). Hg. von James Harrison. 17 Vols. New York 1902

Collected Works Of Edgar Allan Poe. Hg. von Thomas Ollive Mabbott. 3 Vols. Cambridge/Mass. 1969–1978 (TOM)

Collected Writings Of Edgar Allan Poe. Hg. von Burton R. Pollin. Vol. 1: The Imaginary Voyages. Boston 1981; Vol. 2: The Brevities: Pinakidia, Marginalia, Fifty Suggestions and other Works. New York 1985; Vol. 3: Writings In The Broadway Journal. Nonfictional Prose. Part 1, The Text. New York 1986; Vol. 4: Writings in The Broadway Journal. Nonfictional Prose. Part 2, The Annotations. New York 1986; Vol. 5: Writings in The Southern Literary Messenger. Nonfictional Prose. New York 1997

Einzelausgaben

Tamerlane and Other Poems. By a Bostonian. Boston 1827

Al Aaraaf, Tamerlane, and Minor Poems. Baltimore 1829

Poems. Second Edition. New York 1831

The Narrative of Arthur Gordon Pym. New York 1838

The Conchologist's First Book; or, A System of Testaceous Malacology. Arranged Expressly for the Use of Schools. Philadelphia 1839

Tales of the Grotesque and Arabesque. 2 Vols. Philadelphia 1840

The Prose Romances of Edgar Allan Poe. Philadelphia 1843

Tales. New York 1845

The Raven and Other Poems. New York 1845

Eureka: A Prose Poem. New York 1848

Eureka: A Prose Poem by Edgar Allan Poe. Hg. von Richard P. Brenton. Hartford, Conn. 1974

Poetry And Tales. Hg. von Patrick F. Quinn. New York 1984

Essays And Reviews. Hg. von G. R. Thompson. New York 1984

Poetry, Tales, and Selected Essays. Hg. von Patrick F. Quinn and G. R. Thompson. New York 1996

Ausgewählte deutsche Ausgaben

Edgar Allan Poe: Das gesamte Werk in zehn Bänden. Hg. von Kuno Schumann u. Hans Dieter Müller. Übersetzt von Richard Kruse, Friedrich Polacovics, Arno Schmidt, Ursula Wernicke, Hans Wollschläger. Olten und Freiburg i. Br. 1966 (GW)

Edgar Allan Poe. Gedichte, Essays. Übersetzt von Theodor Etzel u. Hedwig Lachmann. Mit einem Nachwort von Hasso H. Kühnelt. München 1966

Dreizehn Phantastische Geschichten. Mit 26 Illustrationen von Alfred Kubin. Übersetzt von Arthur Seiffhart. Stuttgart 1955

Erzählungen in zwei Bänden. Mit Zeichnungen von Alfred Kubin. Übersetzt von Hedda Eulenburg. 2 Bde. München 1965

Das Geheimnis der Marie Roget: 11 Erzählungen. Illustriert von Dieter Müller. Übersetzt von Werner Beyer. Berlin 1976

Die Maske des Roten Todes und andere Geschichten. Mit Illustrationen von Aubrey Beardsley. Übersetzt von Werner Beyer. Berlin 1987

Meistererzählungen. Übersetzt von Gisela Etzel. Zürich 1989

Briefe

Ostrom, John Ward (Hg.): The Letters of Edgar Allan Poe. 2 Vols. New York 1966

Forschungsliteratur

Biographien

Allen, Hervey: Israfel: The Life and Times of Edgar Allan Poe. 2 Vols. New York 1926

Ingram, John Henry: Edgar Allan Poe. His Life, Letters, and Opinions. London 1886 (Reprint New York 1965)

Kerlen, Dietrich: Edgar Allan Poe. Der Duft der Schwermut. Berlin 1999

Meyers, Jeffrey: Edgar Allan Poe: His Life and Legacy. New York 1992

Quinn, Arthur Hobson: Edgar Allan Poe. A Critical Biography. New York 1941 (AHQ)

Silverman, Kenneth: Edgar A. Poe: Mournful and Never-Ending Remembrance. New York 1991 (KS)

Weissberg, Liliane: Edgar Allan Poe. Stuttgart 1991 (LW)

Zumbach, Frank T.: Edgar Allan Poe. Eine Biographie. München 1986 (Zum)

Einzelveröffentlichungen und Sammelbände

Amper, Susan: Untold Story. The Lying Narrator in «The Black Cat». In: Studies in Short Fiction 29 (1992), S. 475–485

Auden, W. H.: Wie es mir schien. Wien, München, Zürich 1977 (zu Poe siehe S. 182–194)

Baudelaire, Charles: Studien über Poe (1848–1857). In: C. B.: Sämtliche Werke in acht Bdn. Bd. 2: Vom Sozialismus zum Supranaturalismus. Edgar Allan Poe 1847–1857. Hg.: Friedhelm Kemp und Claude Pichois. München, Wien 1977 (CB)

Bloom, Harold (Hg.): Modern Critical Interpretations. The Tales of Poe. New York, New Haven 1987

Bonaparte, Marie: Edgar Poe – Eine Psychoanalytische Studie. 3 Bde. Frankfurt a. M. 1981 (MB)

Bronfen, Elisabeth: Nur über ihre Leiche. Tod, Weiblichkeit und Ästhetik. München 1994 (Zu Poe, S. 89 ff., 162 ff., 466 ff. und 516 ff. (EB)

Brunotte, Ulrike: Hinab in den Maelstrom. Das Mysterium der Katastrophe im Werk Edgar Allan Poes. Stuttgart, Weimar 1993 (UB)

Campbell, Killis: The Poems Of Edgar Allan Poe. Boston & New York 1917

Carlson, Eric W. (Hg.): Critical Essays on Edgar Allan Poe. Boston 1987

Collmer, Thomas: Poe oder der Horror der Sprache. Augsburg 1999

Detering, Heinrich: Wahnsinn und Methode. Poe, Benn und die Dialektik der aufgeklärten Poetik. Merkur 54, H. 4 (April 2000), S. 301–311

Eliot, T. S.: Von Poe zu Valéry. In: T. S. E.: Essays 2. Literaturkritik. Frankfurt a. M. 1988, S. 252–269 (TSE)

Frank, Manfred: Die unendliche Fahrt. Ein Motiv und sein Text. Frankfurt a. M. 1979 (zu Poe siehe S. 110 ff.)

Gregorzewski, Carla: Edgar Allan Poe und die Anfänge einer originär amerikanischen Ästhetik. Heidelberg 1982

Haining, Peter (Hg.): The Edgar Allan Poe Scrapbook: Articles, Essays, Letters, Anecdotes, Photographs, and Memorabilia about the Legendary American Genius. New York 1978

Hansen, Thomas S.: Poe's «German» Source For «The Fall of the House Of Usher»: The Arno Schmidt Connection. In: Southern Humanities Review, 26 (Spring 1992), S. 101–112

Hansen, Thomas S., mit Burton R. Pollin: The German Face of Edgar Allan Poe. A Study of Literary References in his Works. Columbia 1995

Hoffman, Daniel: Poe, Poe, Poe, Poe, Poe, Poe, Poe. New York 1972 (DH)

Hoffmann, Gerhard: Edgar Allan Poe and German Literature. In: American-German Literary Interrelations in the Nineteenth Century. Hg. Christoph Wecker. (American Studies, Vol. 55) München 1983, S. 52–104

Krumme, Peter: Augenblicke – Erzählungen Edgar Allan Poes. Stuttgart 1978 (PK)

Kühnelt, Harro H.: Die Aufnahme und Verbreitung von E. A. Poes Werken im Deutschen. In: Festschrift für Walther Fischer. Heidelberg 1959, S. 195–224

Link, Franz H.: Edgar Allan Poe. Ein Dichter zwischen Romantik und Moderne. Frankfurt a. M. und Bonn 1968 (FHL)

Muller, Joseph P., und William J. Richardson, (Hg.): The Purloined Poe: Lacan, Derrida & Psychoanalytic Reading. Baltimore and London 1988

Rosenheim, Shawn, and Stephen Rachman, Hg.: The American Face of Edgar Allan Poe. Baltimore and London 1995

Roth, Martin: The Mysteries of «The Mystery of Mary Rogét». In: Poe Studies 22 (1989), S. 27–34

Schmidt, Arno: Der Fall Ascher. In: A. S.: Der Triton mit dem Sonnenschirm. Großbritannische Gemütsergetzungen. Karlsruhe 1969, S. 410–426

Schnackertz, Hermann Josef: E. A. Poe und die Wissenschaften seiner Zeit. (Eichstätter Hochschulreden, Bd. 101). Wolnzach 1999

Schumann, Kuno: Die erzählende Prosa Edgar Allan Poes. Ein Beitrag zur Gattungsgeschichte der «Short Story». Heidelberg 1958 (KS)

Silverman, Kenneth (Hg.): New Essays on Poe's Major Tales. New York and Cambridge 1993

Thiessen, Rudi: Urbane Sprachen – Proust, Poe, Punks, Baudelaire und der Park. Vier Studien über Blasiertheit und Intelligenz. Eine Theorie der Moderne. Berlin 1997 (Zu Poe siehe S. 184 ff.) (RT)

Veler, Richard P., (Hg.): Papers on Poe: Essays in Honour of John Ward Ostrom. Springfield, Oh. 1972

Wagenknecht, Edward: Edgar Allan Poe. The Man Behind the Legend. New York 1963

Williams, Michael J. S., (Hg.): Poe and Gender. Poe Studies/Dark Romanticism 26 (1993), S. 1–44

Woodward, S.: Lacan and Derrida on «The Purloined Letter». In: Studies in Short Fiction, 66, 1989, S. 43–48

Wuletich-Brinberg, Sybil: Poe: The Rationale of the Uncanny. New York und Bern 1988.

Ausgewählte Filme über Poes Leben und Werk

Edgar Allan Poe, USA 1909. Regie: D.W. Griffiths. Darsteller: Herbert Yost, Linda Arvidson

The Pit And The Pendulum, USA 1913. Regie: Alice Guy-Blaché. Darsteller: Darwin Karr, Blanche Comwell

The Bells, USA 1926. Regie: James Young. Darsteller: Lionel Barrymore, Eddie Philips, Lola Todd, Boris Karloff

The Black Cat, USA 1934. Regie: Edgar Ulmer. Darsteller: Boris Karloff, Bela Lugosi, David Manners, Jaqueline Wells

The Raven, USA 1935. Regie: Louis Friedlander. Darsteller: Bela Lugosi, Boris Karloff, Irene Ware

House of Usher, USA 1960. Regie: Roger Corman. Darsteller: Vincent Price, Mark Damon, Myrna Fahey

The Premature Burial, USA 1961. Regie: Roger Corman. Darsteller: Ray Milland, Richard Ney, John Dierkes, Hazel Court

The Raven, USA 1962. Regie: Roger Corman. Darsteller: Vincent Price, Peter Lorre, Boris Karloff, Hazel Court

The Masque of the Red Death, USA/UK 1964. Regie: Roger Corman. Darsteller: Vincent Price, Hazel Court, Jane Asher

The Thomb of Ligeia, USA/UK 1965. Regie: Roger Corman. Darsteller: Vincent Price, Elizabeth Shepherd, John Westrook, Derek Francis

The Murders in the Rue Morgue, USA 1986. Regie: Jeannot Swarc. Darsteller: George C. Scott, Rebecca de Mornay, Val Kilmer, Patrick Floersheim, Roger Lumont

Edgar Allan Poe im Internet (Auswahl)

A Poe Webliography von Heyward Ehrlich:
http://andomeda/rutgers.edu/~ehrlich/poesites.html

The Edgar Allan Poe Society of Baltimore:
http://www.eapoe.org

Poe Studies Newsletter:
http://www.an.psu.edu/bac7/poe.html

Namenregister

Die kursiv gesetzten Zahlen bezeichnen die Abbildungen.

Adams, John Quincy 19
Adorno, Theodor W. 99
Allan, Elizabeth 20
Allan, Frances Keeling (Pflegemutter) 15f., 18, 20–23, 22f., 34, *17*
Allan, Jane 20
Allan, John (Pflegevater) 10, 15f., 18–30, 33f., 37, 40ff., 52–55, 86, *17*
Allan, Louisa Gabriella 41, 54f.
Allan, Mary 20
Allan, Nancy 20
Aristoteles 52
Arnold, Elizabeth s. u. Poe, Elizabeth (Mutter)
Arnold, Mrs. (Großmutter) 12
Auden, Wystan Hugh 78

Barrett Browning, Elizabeth 9
Baudelaire, Charles 28, 37, 55, 88, 98f., 143, *99*
Blaettermann, Georg 27
Bonaparte, Marie 51, 60, 121
Brahe, Tycho 35
Bransby, John 20ff.
Brennan, Familie 122
Bronfen, Elisabeth 81f., 103
Brooke, Henry 12
Brooks, Nathan C. 83
Brown, Charles Brockden 109
Brunotte, Ulrike 78, 86
Bulwer-Lytton, Edward 72
Burton, William 84f., 90f., 93f., *85*
Byron, Lord George Noël Gordon 23, 28, 30f., 35, 119

Calvert, George H. 38
Canova, Antonio 71
Carlson, Eric W. 60
Chamisso, Adelbert von 51
Clark, William 91
Clark, Willis Gaylord 72
Clarke, Joseph H. 23f.
Clarke, Thomas Cottrell 110, 113
Clemm, Henry (Cousin) 38
Clemm, Maria (Tante, später Schwiegermutter) 38, 47, 52, 57, 67, 70, 79f., 91, 117, 123, 129, 131, 138ff., *38*
Clemm, Virginia Eliza s. u. Poe, Virginia Eliza
Coleridge, Samuel Taylor 23
Cooper, James Fenimore 25, 77, 102

Derrida, Jacques 121
Dickens, Charles 104f., *105*
Disraeli, Benjamin 50
Doyle, Sir Arthur Conan 102
Drake, Joseph Rodman 72
Dubourg 20

Eliot, Thomas Stearns 45, 130
Ellenberger, Henry F. 116
Ellis, Charles 18f.
Ellis, Thomas H. 55
Emerson, Ralph Waldo 25, 103
English, Thomas Dunn 128f.
Eveleth, George W. 103

Fay, Theodore Sedgwick 70f.
Fouqué, Friedrich (Heinrich Carl) Baron de La Motte 51
Freud, Sigmund 51, 60, 113
Froissart, Jean 137
Fuller, Sarah Margaret 28, 128

Galt, William 16, 18, 20, 25
Glanvill, Joseph 82
Graham, George Rex 94f., 99, 101, 104, 107, 118f., 122, *94*
Graves, Samuel 41
Green, Mrs. 12
Gregorzewski, Carla 63
Griswold, Rufus Wilmot 99f., 107, *100*
Gwynn, William 38, 40

Halleck, Fritz Green 72
Hawthorne, Nathaniel 25
Heath, James Ewell 64
Hoffman, Daniel 31, 86, 120
Hoffmann, Ernst Theodor Amadeus 51f.
Hopkins, Charles 13
Horaz (Quintus Horatius Flaccus) 23, 52

Howard, James 33
Humboldt, Alexander von 131
Huxley, Aldous 130

Ingram, John Henry 32
Irving, Washington 24, 103

Jackson, Andrew 19, 46
Jefferson, Thomas 18, 26
Jünger, Ernst 98f.

Karloff, Boris 112
Kempelen, Wolfgang Baron von 73
Kennedy, John Pendleton 38, 54, 57f., 65, 71
Kotzebue, August von 12

Lacan, Jacques 121
Lea, Isaac 35ff.
Lewis, Meriwether 91
Long, George 27
Longfellow, Henry W. 25, 84, 100, 102, 105, 124
Lowell, James R. 102, 119f., 122
Lugosi, Bela 112

Mabbott, Thomas Ollive 29f., 32, 35, 37
Mackenzie, Mrs. 15, 138
Madison, James 18f.
Maelzel, Johann Nepomuk 73
Mallarmé, Stéphane 32
Manet, Édouard 32
Mark Twain, eigtl. Samuel Langhorne Clemens 77
Marlowe, Christopher 31
Mattson, Morris 72
Melville, Herman 25, 77, 79
Mesmer, Franz Anton 115, 117, 126, 134, *115*
Michelangelo 35
Milton, John 23, 35
Moore, Thomas 23, 35, 37
Moran, J. J. 140
Morris, George P. 44
Mowatt, Anna Cora 128
Mozart, Wolfgang Amadeus 71
Mudford, William 109

Neal, John 39f.
Novalis, eigtl. Friedrich Leopold Frhr. von Hardenberg 28

Osgood, Frances Sargent 123, *124*

Patterson, Edward H. N. 138
Patterson, Louisa Gabriella s. u. Allan, Louisa Gabriella
Pedder, James 80, 84
Poe, David (Großvater) 11, 14, 37
Poe, David jr. (Vater) 10–15, 23
Poe, Elizabeth (Großmutter) 11, 14, 37f.
Poe, Elizabeth (Mutter) 10, 12–15, 23, 30f., *14*
Poe, George (Großonkel) 11
Poe, John (Urgroßvater) 11
Poe, Neilson (Sohn von George Poe) 67
Poe, Rosalie (Schwester) 15, 138
Poe, Virginia Eliza (Cousine, spätere Ehefrau) 38, 67f., 70, 74, 79, 91, 99, 103–106, 117, 123, 129f., 136, *69*, *130*
Poe, William (Onkel) 12
Poe, William Henry (Bruder) 14, 26, 38, 47
Pope, Alexander 23
Preston, T. L. 23
Putnam, George Palmer 132

Raffael 71
Reynold, Jeremiah N. 78
Richmond, Annie L. 135f.
Rogers, Mary Cecilie 107
Royster, Sarah Elmira s. u. Shelton, Sarah Elmira

Sale, George 35
Scott, Winfield 86
Shakespeare, William 12
Shelley, Percy Bysshe 23
Shelton, Sarah Elmira 26, 29, 140, *27*
Simms, William Gilmore 71
Smith, John 86
Snodgrass, Joseph Evans 83, 90, 142
Snowden, Mrs. 13
Sparks, Jared 38
Stanard, Jane Stith Craig 24, 135, *24*

157

Stanard, Robert 24
Stone, William Leete 74
Sully, Thomas 17, 69, 81

Theokrit 52
Theweleit, Klaus 86
Thiessen, Rudi 96f.
Thomas, Calvin F. S. 31
Thompson, John Reuben 132
Thoreau, Henry David 25
Tubbs, Charles 12
Tucker, Nathaniel Beverley 64, 72
Tucker, Thomas Goode 28

Valentine, Ann Moore 15f., 20
Valentine, Frances s. u. Allan, Frances Keeling

Vergil, Publius Vergilius Maro 52
Verne, Jules 79

Walker, Jos. W. 142
Washington, George 18
Webster, Noah 65
White, Thomas Willis 58, 61, 62, 64f., 67–72, 75, *58*
Whitman, Sarah Helen 8, 23, 133–136, *134*
Willis, Nathaniel Parker 39, 50, 122f., 128, *39*
Wollschläger, Hans 96, 140
Wordsworth, William 23, 43

Zumbach, Frank T. 92

Über den Autor

Wolfgang Martynkewicz, geboren 1955, Studium der Literaturwissenschaft, Psychologie und Soziologie; Promotion 1990. Freier Autor und Dozent für Literaturwissenschaften an den Universitäten Bayreuth und Bamberg. Edition der Werke des Arztes und Analytikers Georg Groddeck. Rowohlt-Monographien über Arno Schmidt (1992) und Jane Austen (1995). Außerdem eine Biographie Georg Groddecks (1997) und – als Paare-Band bei Rowohlt · Berlin – eine Studie über Sabina Spielrein und Carl Gustav Jung (1999).

Quellennachweis der Abbildungen

Fotos: akg-images, Berlin: Umschlagvorderseite, 99, 105, 115, 129
Library of Congress, Washington D. C.: 2
Fotos: Rowohlt-Archiv: 6, 36, 73
Brown University Library, Providence, Rhode Island: 8
Free Library of Philadelphia, Pennsylvania: 14 (Courtesy of the Rare Book Department), 94 (Courtesy of the Print & Picture Collection)
Valentine Richmond History Center, Richmond, Virginia: 17 (2), 58, 70
Aus: Arthur Hobson Quinn: Edgar Allan Poe. A Critical Biography. New York 1941: 21, 24
Courtesy Lilly Library, Indiana University, Bloomington: 27
University of Virginia Library, Charlottesville: 32 (Special Collections Department), 38 (John Henry Ingram Poe Collection [#38-135])
Collection of The New-York Historical Society, New York: 39 (1935-101), 84 links (1925.7), 100 (1857.8), 124 (1857.9), 125 (1857.1)
Photo courtesy of Maryland Department, Enoch Pratt Free Library, Baltimore: 47
The Historical Society of Pennsylvania, Philadelphia: 53, 81, 92, 110
The Huntington Library, Art Collections, Botanical Gardens, San Marino, CA: 66
Privatsammlungen: 69, 130
Maryland Historical Society, Baltimore: 84 rechts
© VG Bild-Kunst, Bonn 2003: 101
Aus: Peter Haining (Hg.): The Edgar Allan Poe Scrapbook. New York 1977: 112
Aus: Graham's Magazine 27, Februar 1845: 118
The J. Paul Getty Museum, Los Angeles, CA: 133 und Umschlagrückseite unten (© The J. Paul Getty Museum)
Providence Athenaeum, Providence, Rhode Island: 134
Fales Library & Special Collections, New York University, New York: 139
The Rare Book and Manuscript Library, Columbia University, New York: 141
Aus: Gustave Doré und Blanchard Jerold: London, a Pilgrimage. London 1872; Nachdruck München 1975: Umschlagrückseite oben

Trotz sorgfältiger Recherchen konnten nicht alle Rechteinhaber ermittelt werden. Der Verlag ist bereit, berechtigte Ansprüche in üblicher Weise abzugelten.

Ölgemälde: Joseph Karl Stieler

rowohlts monographien

Dichter und Literaten

rowohlts monographien, herausgegeben von Wolfgang Müller und Uwe Naumann

Ingeborg Bachmann
Hans Höller
3-499-50545-2

Daniel Defoe
Wolfgang Riehle
3-499-50596-7

Friedrich Dürrenmatt
Heinrich Goertz
3-499-50380-8

Die Familie Mann
Hans Wißkirchen
3-499-50630-0

Johann Wolfgang von Goethe
Peter Boerner
3-499-50577-0

Günter Grass
Heinrich Vormweg
3-499-50559-2

Franz Kafka
Klaus Wagenbach
3-499-50649-1

Gotthold Ephraim Lessing
Wolfgang Drews
3-499-50075-2

William Shakespeare
Alan Posener
3-499-50641-6

Umberto Eco
Michael Nerlich

3-499-50562-2